자녀와 함께 읽는
아들아, 80점만 맞아라

자녀와 함께 읽는
아들아, 80점만 맞아라

초판 1쇄 인쇄   2012년 1월 25일
초판 1쇄 발행   2012년 1월 31일

지 은 이   박용두
펴 낸 이   방은순
펴 낸 곳   도서출판 프로방스
북디자인   DesignDidot 디자인디도
마 케 팅   최관호

주   소   경기도 고양시 일산동구 백석2동 1330번지
           브라운스톤일산 102동 913호
전   화   031-925-5366~7
팩   스   031-925-5368
E-mail   Provence70@naver.com
등록번호   제313-제10-1975호
등   록   2009년 6월 9일
I S B N   978-89-89239-63-5 (13370)

값 13,000원
파본은 구입처나 본사에서 교환해드립니다.

자녀와 함께 읽는
아들아, 80점만 맞아라

박용두 지음

서문

　　　　　　나 역시 초등학교를 입학하고 그로부터 30여 년이 넘는 긴 시간 동안 공부를 해왔다.

　때론 걸려 넘어지기도 하고, 가도 가도 끝이 없는 사막 속에서 헤메이기도 하였으며, 사법시험은 5수 끝에 간신히 턱걸이로 합격하고, 사법연수원에서는 700명중에 꼴찌도 해봤다.

　남들은 고시를 패스한 변호사라면, 공부에 대한 천재적인 재능이 있는 것으로 치부해 버리지만, 그건 천재적인 재능이 있거나 뛰어난 두뇌가 있어서 그런 것은 아니다. 변호사 업무라는 것이 결코 뛰어난 두뇌가 필요하기 보다는 성실함과 인간에 대한 따뜻한 배려가 있다면 누구라도 능히 해낼 수 있는 직업이기 때문이다.

　단지 좀 다른 것이 있다면, 목표에 대한 열정과 방법이 남달랐기 때문이다.

　누구라도 할 수 있다.

유재석은 예능고시에 패스한 사람이고
이명박은 정치고시에 패스한 사람이며
정주영은 경제고시에 패스한 사람이다.

나 역시 우리 아이들이 좋은 대학에 가기를 소망한다.
그러나 그보다 더 큰 소망은 스스로 공부하는 방법을 깨우치는 것이다.
공부라는 것이 대학입시에서 끝나는 것이 아니므로.

그럼에도 우리네들은 좋은 대학을 보내기 위해 아이가 걷기 시작하면 학원부터 보내기 시작하며, 성년이 될 때까지 비싼 돈을 들여가며 과외다 학원이다 난리 법석이다. 우리의 노후를 대비할 돈 아니 빚까지 내가며 말이다.

그런 현실을 보며, 안타까워 했다.

학교에 들어간 이상 공부를 할 수밖에 없고, 이왕 하는 거 못 하는 것보다는 잘 하는게 나은 것도 사실이다.

그래서 내가 가진 변변치 못한 기술을 후배들에게 알려주고 싶었다.

후배들은 나보다는 시행착오를 덜 했으면 좋겠다는 마음으로. 덜 공부하고도 더 좋은 성적을 내는 방법을 알리고 싶었다.

대한민국 헌법 제10조에 '행복추구권'이 선언되어 있다.

어렸을 적에는 그런 당연한 이야기를 왜 쓸데없이 헌법에 써놓았는지 그 이유를 몰랐었다.

그러나 머리카락이 한 올 한 올 희어지면서 '행복추구권'의 의미를 어렴풋이나마 알게 되었다.

인생에서 최선의 가치는 바로 행복추구라는 것을.

50대 인생도 인생이고.

10대 인생도 인생이다.

단지 다른 것이 있다면, 해야 할 일이 좀 다른 것 뿐이다.

공부의 노예가 되지 않았으면 한다.
적은 시간으로도 많은 것을 얻을 수 있으면 좋겠다.
그게 나의 바램이다.

신속, 정확 그리고 여유...
더 행복해지자.

추천사 — 수험 준비생의 멘토 박용두 변호사

　　　　　　일전에 박용두 변호사가 책으로 펴낼 계획이라며 한 편의 원고를 보내 왔다. 그래서 어떤 내용의 글인가 궁금해서 읽기 시작했는데, 아주 평이한 서술이면서도 내용이 색달라서 흥미로웠다. 읽고 난 다음에는 무엇이라고 말로 표현하기 어려운 여운을 남기는 글이어서 가벼운 놀라움이 따랐다. 그럴 수밖에 없었던 것은 평소에 박 변호사가 쓰리라고 기대했던 것과는 사뭇 다른, 의외의 내용을 담고 있었기 때문이다.

　박 변호사와 나는 박 변호사의 학창시절 사제의 연으로 맺어진 관계를 지금까지 이어오고 있다. 그러다 보니 이제까지 내가 본 박 변호사의 글은 모두 법학 특히 헌법학과 관련된 논문이었다. 그리고 짐작컨대 이제까지 그가 쓴 글이라 하면 주로 그의 변호사 업무와 관련된 법률 문서가 대부분이 아니었을까? 이런 헌법학도이며 변호사인 사람이 없는 시간을 쪼개 내서 수험 준비생을 위한 멘토의 구실을 자임하고 나서다니, 참으로 뜻밖의 일이 아닐 수 없다. 수험 준비생을 향한 사랑의 마음, 격려의 말 그리고 여러 가지 요령과 조언 등을 책으로 엮어 내는 일이라 하면 결코 쉬운 일이 아니어서 섣불리 엄두를 내기 힘들 텐데 박 변호사가 이 일을 해낸 것이다. 물론 학창시절에도 그는 고지식하게 법이라는 것에만 매어서, 다른 방면에는 눈길도 주지 않는 외곬의 사람은 아니었던 것 같다. 법 이외의 다른 분야에 관심을 기울이는가 하면, 때로는 감성적으로 로맨틱한 면을 보이는 때도 있었다. 이번에 박 변호사가 이런 글을 쓰게 된 데에는 바로 그의 이런 면모가 중요한 동인으로 작용한 것이 아니겠는가 하는 생각이 든다.

  그의 글에서 보면 그는 수험 준비생의 아버지로서, 수험 선배로서, 이 사회의 뜻 있는 인사로서 그리고 같은 시대를 함께 동행하는 동료로서 자리 잡고 있다. 이처럼 여러 가지 입장을 한데 아우른 바로 그 자리에서 그는 현재의 여러 사태를 보고, 고민하고, 아파하면서 이야기를 풀어나가고 있는 것이다. 무엇보다도 그는 따뜻한 마음으로 수험 준비생들의 절박한 처지를 이해하려 하고, 그들을 보듬어 주고 감싸 주려고 하는 뜻을 곳곳에서 내비치고 있다. 그러면서도 힘찬 격려와 함께 밀어붙이 듯 하는 독려의 말도 잊지 않고 있다. 그런가 하면 또 다른 한편으로는 선배로서의 경험을 바탕으로 한 갖가지 조언을 서슴지 않고 그에 곁들여 얄미울 정도로 정교한 수험의 요령들을 알려 주고 있다.

  이 책은 수험 준비생들을 위해서는 더 말할 나위 없이 요긴한 책이다. 읽으면서 위안을 받으며, 응원의 함성을 듣는 듯한 느낌을 갖게 될 것이다. 그 뿐만 아니라 수험생을 둔 학부모나 일반 사회인들에게도 꼭 읽어 볼 것을 권하고 싶은 책이다.

2012년 1월 18일
성균관대학교 법과대학 명예교수 金 雲 龍

추천사 　　　　　　　　　　　　　　　　　　　　안도의 한숨

"**다시** 잡을 수 없는 지나간 것들에 대한 후회와 그리움은 마음을 쓸쓸하게 한다."는 말처럼 우리는 곧잘 지나간 것에 대한 후회 혹은 미련으로 아쉬움을 느낄 때가 있다. 누구라도 그러하겠지만 공평하게 주어진 학창시절에 대한 아쉬움은 그 강도가 더하지 않을까 한다. 특히 공부에 대한 것에 있어서는 말이다.

　이 책의 출간소식을 접하며 나는 학창시절 내가 놓치고 지나간 것에 대한 아쉬움이 무엇인지 깨달을 수 있었다. 그리고 한창 공부해야 할 아이들을 둔 엄마로서 학부모로서 내심 안도의 한숨을 내쉬기도 했다. "그래, 이런 방법이 있었지, 이렇게만 해 준다면 잘될지도 몰라."라고 말이다.

　공부에 대한 잘못된 생각과 기준은 훗날 어른이 되어서도 안타까움으로 남아 있어서는 안 된다고 생각한다. 그런 의미에서 이 책은 공부에 지친 우리 아이들에게 한 컵의 시원한 생수처럼 그리고 가슴 한 가득 빨아들일 수 있는 산소처럼 한 단락 한 단락 읽어 내려가면서 답답했던 가슴이 시원하게 뚫리는 느낌을 갖게 하는 책이다.

　이 책은 요즘 부모들이 우리 아이들이 헤쳐가야만 할 대학입시와 성공이라는 길에 함께 해 주지 못해 안타까운 마음을 조금이나마 달랠 수 있었던 책이 될 것 같다.

　사랑하는 아들딸들아!
　너희는 그래도 행복하단다. 이렇게 너희들의 아픔과 고민을 먼저 경험한 아빠가 그리고 선배가 주는 조언이 있으니 말이다.

　자신이 하고 있는 변호사 업무라는 것도 결코 뛰어난 두뇌가 필요하기 보다는 성실함과 인간에 대한 따뜻한 배려가 있다면 누구라도 능히 해낼 수 있는 직업이라고 말한다. 우리는 여기에서 우리의 아이들에게 좀 더 여유 있고 따뜻하게 말을 건넬 수 있다는 한 가닥 희망과 만나게 된다.
　수백 명이 치르는 시험에서 꼴찌도 해봤으며, 다섯 번의 재수 끝에 사법 시험에 간신히 합격하기도 한 작가는 이렇게 이야기 한다.

"시험에는 어떤 일정한 패턴과 시험에 합격하는 길이 따로 있다는 것을 깨닫게 되었다."고 '공부를 잘 한다'는 기준이 무엇이며 '공부를 열심히 한다'는 기준이 무엇인지에 대해 자신의 경험을 통해 이야기하면서 공부가 아니라 노동을 해서는 안 된다고 말한다. 또한 자신에게 맞는 공부의 목표를 정해서 하는 것이 즐기면서 공부할 수 있는 길이며 그리고 행복해 질 수 있는 길이라는 것을 강조한다.

그리고 무엇보다 중요한 것은 우리가 공부를 열심히 해야 하는 진정한 목표는 "행복해 지기 위해서"라는 것, 그러기에 공부는 우리가 원하는 인생을 살기 위해 해야만 하는 것이라고 말이다.

대학입시를 곧 치룰 우리 아이들에게 나는 이 책이 진정 한 줄기 빛이고 희망이며 살아있는 지침서가 될 것이라는 확신이 든다.

우리네 아이들 공부도 양이 많아지고 복잡해졌다. 대학을 가는 방법도 수십 가지가 넘는다.

그런데도 작가는 그럴수록 '80점만 정확히 맞자'고 한다. '꿈을 가꾸며 노력하는 한, 그 꿈은 언제나 현실로 우리 곁에 찾아온다."며.

이제껏 만나보지 못했던 공감을 느끼며, 이 한권의 책을 통해 우리 아이들이 다시 희망으로 공부를 만나기를 기대해 본다.

2012. 1월
일경(고1), 정현(중2)의 어머니 황보 문희

차례

서문

추천사

01 아들아 밥 좀 같이 먹자 /18

02 공부를 한 것이 아니라 노동을 한 것이다 /22

1. 무조건 많이 뛴다고 좋은 선수는 아니다 /22
2. 공부 잘하는 아이, 시험 잘치는 아이 /29
3. 공부가 아니라 노동을 한 것이다 /32
4. 하나 안 하나 확률은 25%? /35

03 80점만 맞는다는 생각을 해라 /39

1. 1박 2일과 구구단 – 알면서 틀리는 것이 시험이다 /39
2. 80점만 확실하게 맞자 – 지식의 충돌을 해결하는 방법 /44
3. 아들아, 아빠도 80점만 바라봤다 /52
4. 다윗과 골리앗 – 내가 가장 잘 사용하는 무기 /56

어려운 문제는 1,000등 차이 쉬운 문제는 100,000등 차이 / 61

1. 절대로 쉬운 문제를 틀려서는 안된다 / 61
2. 기초가 부실한 건물은 언젠가는 무너진다 / 64
3. 중위권의 석차는 하루아침에 뒤집어진다 / 70
    – 난이도에 따라 나타나는 문제
4. 확률이 높은 게임을 하자 / 77
5. 가장 좋은 학습지는 교과서란다 – 정답은 교과서에 있다 / 81
6. 시대가 바뀌었다고? – 공부방법은 절대로 바뀌지 않는다 / 87
7. 모든 지문은 O×화 시켜라 – 정확한 지식을 축적하기 위해 / 90
8. 고기가 노는 곳에 그물을 쳐야 / 94
    – 문제는 나오던 곳에서 나온다
9. 틀린 문제를 확실하게 잡는 방법 / 98
10. 기능이 많은 기계는 고장도 잦다 / 102

가장 얇은 책으로 사진을 찍어라 / 105

1. 머리에 넣을 것이 아니라 사진을 찍어 놓아라 / 105
    가. 사진찍는 방법
    나. 이제 한권의 책을 30분 만에 읽어보자
    다. 이제 한권의 책을 3시간 만에 읽어보는 연습을 해보자

2. 잠들기 전, 책 덮기 전 5분만 투자하자 / 118
3. 한과목만이도 일등을 해 봐라 – 공부가 재밌어진다 / 122
4. 한과목 일등하기 – 영어 문법 한 달에 끝내는 법 / 127
5. 공부와 관련된 취미를 가져 보라 – 노는게 공부가 된다 / 134
6. 미역국을 끓여보자 – 시험장엔 말린 미역을 가져가라 / 138
7. 영어 '공부' 하기 / 140
   – 언어는 공부하는 것이 아니라 경험하는 것이다
8. 필요한 것은 즉시 외운다 / 145

06 공부는 산을 오르는 것과 같다 / 148

1. 능력에 맞춰 한 걸음씩 천천히 / 148
2. 배우고 늘 익히면 즐거워진다 / 152
3. 너무 과다한 선행학습은 독이 된다 / 155
4. 가장 좋은 과외 – 함께 공부하는 것 / 158
5. 마지막 2달이 중요하다 – 절대로 포기하지 않는다 / 165
6. 함께 오르면 덜 힘들다 – 스터디그룹 만들어보기 / 169

07 좋은 습관을 들여야 성공한다 /173

1. 한 곳에서 오래 공부하지 마라 /173
2. 스트레스 해소는 미루지 말자 /177
3. 스스로 가르쳐보라 /180
4. 잠을 줄이지는 마라 – 부족한 수면이 뇌를 망친다 /184
5. 스스로 출제해봐라 – 시험은 보물찾기 게임이다 /186
6. 네비게이션 바보 /190
7. 질문하는 법을 모른다 – 질문을 해야 실력이 는다 /193
8. 확신을 가져라 /198

08 꿈★은 이루어진다 /205

1. 새는 알을 깨고 나온다 /205
   – 공부방법을 바꾸는 것은 참으로 힘든 일이다
2. 가르쳐주면 제발 좀 따라 해라 – 프로의 조언이다 /210
3. 요즘의 출제경향 /213
4. 시험장가기 – 평소 그대로 /215
5. 전투에 지더라도 전쟁에 져서는 안된다 /218
   – 버릴 문제는 과감히 버려라
6. 꿈꾸는 자 만의 것이다 /221

아들아 밥 좀 같이 먹자

일 년에 몇 번 되지도 않는 가족모임에 늘 빠지는 사람이 있다.

몇 년 전까지만 해도 고등학생인 조카녀석들의 얼굴을 보기가 힘들더니만 그 녀석들이 모두 대학에 들어가고 나니, 이젠 우리 아들 녀석의 얼굴을 보기가 힘들다. 가족들도 섭섭해하기는 커녕 어쩌다 참석하게 되면 오히려 그걸 더 이상하게 생각한다.

공부를 지금보다 좀 못해도 좋으니 함께 식사하고 함께 운동하며 많은 시간을 함께 하고 싶다. 아니 함께 하는 시간은 아니더라도 스스로 책도 많이 읽고 친구와 사귀며 운동도 열심히 하는 건강한 청년으로 살아 갔으면 싶다.

대학시절 어느 책에선가 '21세기가 되면 가족이 해체될 것이다'라는 엄청난 이야기를 들었다.

도대체 21세기가 되면 이혼이 많아진다는 것인지, 가정이라는 조직이 없어진다는 것이었는지 정확히 기억나지는 않지만, 그 이야기가 참말로 옳았다는 생각이 든다.

엄마가 만들어 주시던 도시락이 학교급식이나 패스트푸드로 대체되고, 아빠가 같이 그려주던 미술 숙제는 미술학원이 대신하게 되었고, 수학문제를 가르쳐 주던 삼촌의 자리에는 과외 선생님이 앉아계신다. 두레상을 차려 놓고 빙 둘러 앉아 이야기를 도란도란 나누며 함께 하던 저녁밥상은 이미 전설이 되어버린 듯싶다.

'가족의 기능적 해체'다.

자녀가 중학생 이상이 되면, 함께 저녁식사 하기가 대통령과 식사하는 것보다 더 힘들다. 아이들을 모두 학교, 학원, 과외에 빼앗긴 것 같기도 하다.

우리의 아이가 늦은 밤까지 공부를 하지 않더라도 웬만한 대학에 갈 수 있는 방법은 없을까, 일요일에 실컷 잠을 자면서도 성적이 떨어지지 않는 방법은 없을까. 아무리 수험생이라고 해도 단 며칠만이라도 여름휴가를 함께 즐길 수는 없는 것일까.

초등학교부터 사법시험에 이르기까지 30년 이상 공부를 한 선배로서 내가 경험한 것과, 내가 겪은 많은 시행착오를 인생후배인 아들에게 들려주고 싶어 고등학생인 큰아들에게, 초등학생인 막내에게, 때로는 아내에게 이야기 해 보지만 역시 아빠와 남편의 이야기는 잔소리로 그치는가보다.

하여 또 잔소리가 될까봐 글로 써주는 것이 좋겠다고 생각해서 쓰기 시작한 것이 어느덧 상당한 분량이 되었다.

내가 해 왔던 또는 내가 생각하는 방법이 최선이자 유일의 방법이라고 생각하지는 않는다.

단지 공부하는 아이들을 둔 같은 부모의 입장에서, 먼저 길을 가본 선배의 도리로서, 내가 알고 있는 것을 같이 나누며 함께 고민하고 싶었고, 인생선배로서 내가 경험한 것을 아들에게 꼭 전해주고 싶었다.

흔히, 우리사회는 사법시험을 합격한 사람들을 마치 무슨 공부잘하는 별나라에서 온 사람인냥 별종 취급을 한다. 그러나 나도 그리 머리가 좋은 편은 아니며 많은 실패의 쓴 맛을 보았고 또 많은 시행착오를 거쳤다.

수백명이 치르는 시험에서 꼴찌도 해봤으며, 오수(五修) 끝에 사법시험에 간신히 합격하기도 했다. 그리고 시험에는 어떤 일정한 패턴과 시험에 합격하는 길이 따로 있다는 것을 깨닫게 되었다.

한사람이라도 내가 공부한 방법을 통하여 성공한다면 –그게 내 아들이면 더욱 좋겠지만 – 더 이상 바랄 것이 없다.

공부를 한 것이 아니라 노동을 한 것이다

1. 무조건 많이 뛴다고 좋은 선수는 아니다

늦은 밤 치킨에 맥주 한잔이 생각나 동네를 나서다 보면 밤12시가 넘은 시간에 학원이나 도서실에서 파김치가 되어 돌아오는 우리의 아이들을 마주치게 된다.

가슴이 메어진다. 가서 등이라도 두들겨 주고 박카스라도 한 병 건네주고 싶다.

그리고 한편으론 숙연해 지기도 한다. 우리가 건네 줄 현실을 미래로 만들어 나갈 후배들이니까.

혹 우리가 아이들을 저렇게 지치게 만들어 놓은 것은 아닐까.

- 미안하구나. 건강하렴.

어제 밤 바르셀로나와 맨체스터유나이티드의 유럽챔피언 결정전이 있었다. 축구광인 나 역시 새벽잠을 거르며 관전을 했다. 더구나 우리의 자랑인 박지성 선수가 선발 출전하는 경기임에랴.

박지성 선수는 그날 무려 11km가 넘는 거리를 뛰어다녔고, 비록 팀은 패배를 하였지만 박지성 선수는 세계 각국의 모든 언론으로부터 찬사를 받았다.

그가 찬사를 받는 훌륭한 선수인 이유는 '세 개의 심장으로 11km가 넘는 거리'를 '이유있게' 달린 것 때문이라고 생각한다. 공이 가는 공간마다 그가 있었고, 상대방의 공격수가 침투하는 길목마다 그가 막아서고 있었다는 것이다.

'세 개의 심장'은 부모로부터 받은 지능이고, '11km'는 효율적으로 공부한 시간을 의미하는 것은 아닐까.

공부도 마찬가지다.

옛날에 '4당5락'이라는 말이 있었다. 수험생은 네 시간을 자면 붙고 다섯 시간을 자면 떨어진다는 이야기이다. 그러나 이 이야기를, 단지 수험생은 잠을 적게 자고 공부시간만을 늘려야 한다는 의미로만 해석하여 책상에 붙어있는 시간만을 늘리려고 하다가는 건강도 해치고 급기야는 성적도 떨어지고 만다.

'4당5락'이라는 의미 속에는 수험생은 잠자는 시간을 아끼며 공부해야 한다는 의미 이외에 '의미 있는' 공부시간을 가져야 한다는 뜻이 담겨있는 것이다.

공부를 잘하려면 '열심히' 하면 된다고들 말한다. 그래서 초등학교에 들어가기 전부터 학원도 보내고 꼬박꼬박 학습지도 시키며 한글도 채 깨치지 못한 아이들을 영어학원에 보내기도 한다. 내 아이가 처지지 않게 하기 위해서...

아이들도 열심히 학원에 다니고 학습지도 거르지 않으며, 알지도 못하는 영어로 밤늦은 시간까지 숙제를 하기도 한다.

그리고 그렇게 그렇게 '열심히' 공부를 한다.

그럼에도 불구하고 성적이 신통치 않으면 공부시간이 모자란 것으로 치부하거나, 가르치는 선생님의 능력이 떨어지는 것으로 생각하거나 아니면 맘속으로 '머리가 나쁘구나' 또는 '공부에 재능이 없구나'라고 치부해버리고 만다.

그런데, 한 번 되짚어 보고 싶다.

'공부를 잘 한다'는 기준이 무언지.

'공부를 열심히 한다'는 기준이 무엇인지.

십여 년 전 우리에게 평생 잊지 못할 감동과 추억을 안겨준 '거스 히딩크' 감독은 제자들에게 '축구를 즐기면서 하라'는 지도지침으로, 세계 축구의 변방인 우리를 2002년 월드컵 4강에까지 올려놓았다.

그래서 우리는 그때 열심히 하는 것보다 즐기면서 하는 것이 더 결과가 좋다는 것을 몸으로 체험했다.

'머리 좋은 놈이 열심히 하는 놈을 이기지 못하며, 열심히 하는 놈이 즐기면서 하는 놈을 이기지 못한다'는 말은 누구나 알고 있는 이야기이지만 실천을 하려고 들지 않는다. 아니 좀 더 정확히 말하면 실천은 하고 싶으나 방법을 모른다고 해도 틀린 말은 아닐 것이다.

'열심히 하는 것'이 무엇이며 또 '열심히 하는 방법'이 무엇인지도 모르는데 어떻게 '열심히'하여 머리 좋은 놈을 이길 것이며, 열심히 해보지도 못한 놈이 어떻게 즐기는 방법을 알 수 있겠는가.

난 우리 아이들에게 우선 '열심히 하는 것'이 무엇인지 알려주고 싶고, 또 나아가 이를 깨우친 이후에 진정으로 '즐길 수' 있게 되기를 바란다.

- 아들아. 하루에 1시간만 해도 좋으니 하고 싶은 공부를 즐기며 하렴.
  공부 잘한다고 행복하게 사는 거 아니니까.
  난 네가 일류대학에 가지 못한다고 해서 실망하지 않아.
  단지 난 네가 네 스스로 처한 상황에서 현명하게 최선을 다하는 모습을 보고 싶을 뿐이야.

그리고 조금이나마 도움이 된다면 최선을 다 할 수 있게 도와주고 싶어.

2. 공부 잘하는 아이, 시험 잘치는 아이

우리나라에서 공부를 제일 열심히 그리고 제일 잘하는 사람들은 누구일까.

내가 본 사람들 중에는 아마도 교수, 학자인 것 같다.

대학원 재학시절 조교를 하였던 나는 수시로 교수님 연구실을 드나들며 잔심부름도 하고 연구도 도와드렸다.

연구실을 들릴 때면 교수님들은 때론 차도 마시고 계셨고, 동료 교수들과 담소를 나누실 때도 있었고 혹은 잠깐 휴식을 취하시고 계셨는데, 유독 두 분의 교수님만은 책을 보는 이외의 모습을 단 한 번도 본 적이 없다. 조교생활을 하는 2년 동안.

난 내가 보았던 분 중에 그렇게 공부를 열심히, 잘하는 분들을 본 적이 없다.

누구나 공부를 '열심히', '잘' 하기를 원한다.

그런데 우리가 말하는 '열심히, 잘하는 공부'와 교수, 학자들이 '열심히, 잘'하는 그 공부가 과연 같은 것인가?

우리가 흔히 말하는 '공부 잘한다'고 하는 것은 실은 '시험을 잘 친다'는 의미이고, '공부를 열심히 한다'고 하는 것은 실상은 '책상 앞에 오래 앉아있다'는 의미 이외에는 아무것도 아니다.

먼저 솔직하게 목표를 인정하자.
'시험을 잘 치는 것'이 목표라고.
목표가 정해져야 길을 찾을 것이 아닌가.

부산으로 가려면 경부고속도로를 타야 하고, 광주로 가려면 호남고속도로를 타야 한다.
시험을 잘 치는 방법을 연구해보자.

시험장에서 요령을 부려 쉽게 답을 골라내는 방법을 배우자는 이야기는 결코 아니다.
어차피 지금 공부하는 이유가 시험을 잘 보기 위한 것이라면, 그 초점은 과연 어떤 공부가 시험 성적을 향상시키는데 도움이 되는지는 심각하게 궁리해 보고, 그 공부를 하자는 것이다.

- 아들아, 길을 떠나기 전에 반드시 목적지를 확인하고 길을 떠나렴.

목적지가 없는 것은 여행이 아니라 방황이란다.

3. 공부가 아니라 노동을 한 것이다

가끔 뉴스를 보면 건강하였던 사람이 운동을 마친 후 몇 시간 만에 운명을 달리 한 경우를 종종 보게 되고, 매일 두세 시간씩은 운동을 하고 산에 오르는 등 건강관리를 하였던 사람인데 갑자기 별세를 하였다는 소식을 접하곤 한다.

많은 사람들은, 건강을 위해서 운동을 하라고 하면, 땀을 뻘뻘 흘리도록 운동을 해댄다. 뜀박질도 한 10㎞는 해야 뛴 것 같고 바벨도 수십 키로그램 짜리는 들어야 운동을 한 것 같다고 한다.

그러나, 그런 정도의 운동량은 고도로 훈련된 사람만이 감당해 낼 수 있는 운동량이며, 그렇지 않은 사람들에게는 건강을 지키기 위한 운동이 아니라 '노동'이 되는 것이다.

자신의 체력이나 건강상태를 감안하지 않고 무작정 운동시간이나 운동량을 늘린 결과 뜻하지 않은 사고를 당하게 되는데, 이건 운동이 아니라 무리한 노동을 하다가 그렇게 된 것이다.

공부도 마찬가지이다.

자신의 기본 실력에 맞추어 학습교재를 선택하고, 공부의 범위를 정해야만 하는데, 흔히 공부를 하라고 하면 무조건 두꺼운 책, 어려운 문제를 택해서 밤늦게까지 끙끙대며 학원이다 과외다 하며 뛰어다닌다.

하루 열 몇 시간을 그렇게 보내고는 파김치가 되어 '오늘도 참 열심히 공부 많이 했다'며 자신을 위로하고는 잠자리에 들지만, 시험을 쳐보면 노력한 만큼 성적이 나오지 않는다.

왜 그럴까.
공부가 아니라 노동을 했기 때문이다.

미안한 이야기지만 지금 이 순간에도 실력을 다지기 위해 공부를 한다며 책상 앞에 앉아 있지만 실은 공부가 아니라 중노동을 하고 있는 많은 수험생들이 있다.

자신에게 필요한 양과 수준의 공부를 하는 것이 아니라, 자신의 실력에도 맞지 않는, 또 어쩌다가 한번 나올까 말까 한 문제를 끙끙거리며 풀고 있다.

운동대신 노동을 하였다가는 자칫 목숨을 잃으며, 공부대신 노동을 하였다가는 반드시 실패하고 만다.

 - 아들아. 지금의 네 수준에 맞추어 기본부터 착실히 다지는 공부를 해라. 그렇지 않은 것은 모두 노동에 지나지 않는단다.

4. 하나 안 하나 확률은 25%?

수험공부를 하면서 때로는 휴게실에 삼삼오오 모여 서로 재미있는 이야기를 하면서 스트레스를 풀곤 하였다.

그런데, 그중 입담이 뛰어난 선배가 갑자기 공부를 그만 하자며 어차피 공부를 하건 안 하건 시험에 붙을 확률은 25%로 똑 같으니 창경궁에 벚꽃놀이나 가서 신나게 놀자는 것이다.

그 선배의 논리인즉,

시험결과가 나와서 뚜껑을 열어보면

그 결과는 다음 넷 중의 하나라서 어차피 공부하나 안 하나 확률은 25%라는 거다.

① 열심히 공부해서 그 결과 당연히 합격한 사람

② 열심히 공부했으나 아깝게 떨어지는 사람

③ 열심히 공부를 하지는 않았지만 운 좋게 붙는 사람

④ 열심히 공부하지 않았기 때문에 당연히 떨어지는 사람

마침 나른한 봄날의 오후라 모두들 키득거리고 무릎을 치며 선배님의 말씀이 지당하다며 한통속이 되어 창경궁의 봄날을 만끽하고 돌아왔다.

그렇지만 위 이야기를 자세히 들여다보면 시사하는 점이 있다.

열심히 공부해서 합격하는 사람, 열심히 공부하지 않았기 때문에 떨어지는 사람에 대하여는 별로 관심도 없다. 당연한 결과니까.

또 열심히 공부하지는 않았지만 운이 억세게 좋아 합격하기를 바라기는 하지만 우리는 그렇게 도둑놈 심보를 가진 염치없는 사람도 아니며 또 그렇게 억세게 운이 좋은 사람도 아니다. 그 정도로 운이 억세게 좋다면 차라리 공부를 때려치우고 로또를 사서 수백억원에 당첨되는 편이 훨씬 빠를테니까.

우리가 염려하는 것은 바로 ②번 유형의 경우이다.

열심히 공부하였는데 떨어지는 것, 열심히 공부하였는데 그 만큼 성적이 나오지 않는 것 바로 이것이 우리가 고민하는 점이며 우려하는 점이다.

이 문제는 바로 과연 '열심히 공부하였느냐'에 대한 반성으로 이어지며 마음속으로 진정 '난 열심히 공부하였는데'라고 한다면 문제는 정말로 심각하여 지는 것이기 때문이다.

진정 열심히 공부하였음에도 실패를 한다면 다음해 또 그 다음해라고 한들 누가 합격을 보장해 줄 것인가 말이다.

이런 유형이라면 '열심히'가 과연 무엇인지 깊이 생각해 보고, '열심히'란 무엇인가에 대한 인식을 바꾸어야만 한다.

공부를 하다보면 자꾸만 더 앞으로, 더 깊이 가고픈 욕망이 생기지만 진정 성공을 하고 싶은 수험생이라면 냉정하게 이를 자제할 줄 알아야 한다. 지속적인 반복을 통하여 배운 것을 습득하고 체화하는 것이 바로 '열심히'하는 것이며, 그런 점에서 복습의 중요성은 아무리 강조해도 지나치지 않는다.

'열심히 공부해서 그 결과 당연히 합격하는 25%'에 들어야만 하며, 그것이 바로 시험을 정복하는 길이다.

80점만 맞는다는 생각을 해라

● ● ●

1. 1박 2일과 구구단 – 알면서 틀리는 것이 시험이다

'1박2일'에서 하는 구구단게임은 비록 가장 단순한 게임이지만 볼 때마다 매번 색다른 재미가 있다.

엉뚱한 답을 말하는 출연자를 향하여 담당 피디는 예의 그 목소리와 높은 톤으로 신나게 "땡!"을 외치며 자신의 스트레스마저 날려버린다.

출연자들이 웃음을 주려고 일부러 틀리는 것도 아니다. 시청자참가자들이나 스텝들도 이 게임에서 번번이 틀려 고개를 떨구는 것을 보면 웃기려고 일부러 틀리는 것은 아닌게 확실하다.

틀린 사람은 초등학교 2학년도 아는 문제를 틀려서 창피해하지만, 그렇다고 해서 틀린 사람에게 그것도 모르냐고 손가락질하지도 않는다.

다 아는 구구단이지만 실수를 해서 틀렸다고 생각하기 때문이다.

문제는 여기서 생긴다.
아는 것인데 왜 틀릴까.

이유는 간단하다.
그건 바로 '시험'이기 때문이다.
'알면 맞춘다'는 명제는 당연한 것이지만,
안다고 해서 절대로 다 맞추는 것은 아니다.
'아는 것'에서 더 나아가 '체화(體化)' 내지 '습득'이 되어 있어야 비로소 다 맞출 수 있다.

구구단을 틀리는 이유는 짧은 시간에 바로 정답을 선택해야 하기 때문이다. 한 2,3초만 여유를 주고 답을 말하라면 절대로 틀리는 사람은 없다. 이미 다 알고 있기 때문이다. 그러나 틀리는 이유는, 바로 체화가 되어있지 않아서 틀리는 것이다. 어른이 다된 사람들이 구구단을 반복해서 외우고 다닐 일은 없지 않은가 말이다.

시험도 마찬가지이다. 정답을 골라낼 수 있는 넉넉한 시간이 주어진다면 '아는' 문제는 모두 맞출 수 있다.

그러나, 모든 시험이 그렇듯이 절대로 넉넉한 시간과 여유로움을 허락하지 않는다.

흔히들 시험치러가는 사람에게 마음을 편하게 가지라는 의미로 '아는 문제만 다 맞추고 오라'는 덕담을 한다.

그러나 우리 모두 경험했듯이 아는 문제를 다 맞힌다는 것이 얼마나 불가능에 가까운 일인가.

도대체 아는 문제를 다 맞히는데 합격하지 못할 시험이 어디 있는가.

시험을 치루고 나면 늘 몇 문제씩은 실수를 하여 틀리곤 한다.

그리고는 '아는 문제인데 틀렸다'고 억울해하며, 그날의 컨디션을 탓하거나 운이 나쁘다고 생각하지만, 정작 실수를 고칠 수 있는 방법을 생각하거나 개선하려고 하지 않는다. 실수도 습관인 것이며 습관을 고치기 위해서는 피나는 노력이 필요한데도 말이다.

짧은 시간 안에 정확한 판단을 하여 정답을 맞히려면, 아는 것에서 더 나아가 지식이 몸에 배어(체화) 있어야만 한다.

그리고 지식을 몸에 배어있게 하기 위해서는 스스로 어리석다고 느낄 정도로 끊임없는 반복을 해야 한다는 것이다.

먼저 10점만큼의 지식을 알고 난 다음 이를 몸에 배게 하고, 10점 만큼을 몸에 배게 한 이후에 20점만큼을 알려고 하고 그 이후에 이를 또 몸에 배게 하고…이게 바로 기초를 다지는 길이다. 그렇게 그렇게 80점 만큼만 몸에 배게 한다고 생각하자.

고등학교시절 리차드버크라는 소설가가 쓴 'illusion(환상)'이라는 소설을 읽었는데, '사랑'을 이렇게 가슴저리게 표현한 문장도 없는 것 같다.

If you love something,

Set it free.

If it comes back to you,

It is yours.

Does not,

Was not.

어설프지만 굳이 번역하여 보면,

누군가를 사랑한다면

자유롭게 놓아주어라.

만일 그가 돌아온다면

그는 (이제부터, 과거가 문제되지 않는) 당신의 사랑이다.

만일 돌아오지 않는다면

(애초부터) 당신의 사랑이 아니었던 것이다.

― 아들아. 만일 아는 문제인데 실수로 틀렸다고 생각된다면
그 문제가 바로 원래 네가 몰랐던 문제야.

2. 80점만 확실하게 맞자 – 지식의 충돌을 해결하는 방법

왜 학년이 올라갈수록 공부는 어려워지는 것일까.

더 어려운 것을 배워서일까.

저학년때에는 지금보다 공부를 더 잘했는데…

머릿속에 들어오는 지식이 늘어날수록 시험을 잘 치르기가 어렵고 정답을 가려내기가 더 어려워진다.

헷갈리는 문제는 늘 헷갈린다.

하나를 가르치면 열을 깨친다고 하는 이야기는 이웃나라 천재들끼리나 하는 이야기이고…

하나만 배우면 하나를 맞지만, 둘을 배우면 둘 다 맞는 것이 아니라 둘다 헷갈려 다 틀릴 수 있는 것이 시험이며, 또 그럴 확률이 훨씬 더 높다.

이율곡에 대하여 공부를 하고 난 후에 시험을 치르면 거의 다 맞춘다. 그런데 이제 공부를 더 하고자 이황에 대한 공부를 하고 나면 공부량은 두 배로 늘어났으나, 문제만 나오면 헷갈린다. 이젠 이황 선생에 대한 문제만 틀리는 것이 아니라 곧 잘 맞추던 이율곡 선생에 대한 문제도 틀리곤 한다.

이율곡 선생이 지은 책이 '성학십도'인지 '성학집요'인지.

– 지식이 충돌하기 때문이다.

한 시간을 공부하고는 휴게실에 나와 "후욱 후욱"긴 한숨을 계속해서 내뿜고 들어가는 선배가 있었다.

그 모습이 하도 괴이하여 후배들이 물으면 그 선배가 이렇게 대답했다.

'머리에 계속해서 새 지식을 넣으려면 머릿속에 빈 공간을 만들어야지, 후욱 후욱'

아마도 그 선배는 그렇게 심호흡을 하면서 충돌하는 지식을 정리한 것 같다.

조선 말기 '신미양요'를 배우고 나면 곧잘 맞추던 문제를 '병인양요'마저 배우고 나면 헷갈리기 시작한다.

신미양요때의 적군 장수가 로즈제독인지 로저스제독인지, 우리 조선의 장수가 어재연인지 한성근인지.

이 역시 지식이 충돌하기 때문이다.

이런 문제는 어느 과목에서든 존재한다.

'독립의 법칙과 분리의 법칙'

'갑신정변과 갑오경장'

'순열과 조합'

그리고 출제자는 얄밉게도 이런 문제만 골라서 출제한다.

시험을 치루면서 가장 당혹해 하는 순간은, 분명 공부하긴 했는데 헷갈려서 선뜻 답을 골라내기가 망설여지는 때이다. 분명히 공부한 문제인데 헷갈린다고 해서 선뜻 아무 답이나 선택할 용기도 나지 않고, 그렇게 망설이다보면 시간은 속절없이 흘러 또 다른 문제를 풀 시간을 잡아먹고. 또 시간에 쫓기다보면 또 다른 문제를 실수하고...

대립되는 개념이나 병행하는 또는 서로 비슷한 부분이 있을 때는 우선 한 개만 열심히 외우고 이해하자.

갑오경장과 갑신정변에는 많은 개혁제도가 있었고, 그 내용도 많고 서로 비슷하기도 하여 시험에만 나오면 매번 헷갈리기도 하여 독한 마음을 먹고 단단히 외워두지만 시간이 흘러 또 같은 문제가 나오면 또 헷갈렸다.

그래서 우선 갑신정변보다 더 중요하다고 생각하는 갑오경장 중 을미개혁의 내용을 죽어서라도 외울 수 있게 만들기로 작정하고 한 폭의 그림을 그려 책상 옆에 붙여놓았다.

"초등학생이 학교가는데 하늘에 해가 높이 떠 있고 운동장 한켠에선 까까머리 애들이 주사를 맞고 있으며, 교실에선 반장의 구령에 맞추어 선생님께 '건양'이라고 구호를 외치며 경례하는데 우체부가 편지 왔다며 헐레벌떡 뛰어 들어오는" 그런 그림을.

이 그림을 그리고 난 후 단 한 번도 을미개혁과 관련된 문제를 걱정해 본 적도 없고 갑신정변의 내용과 헷갈려본 적도 없고, 국사공부를 하다가 을미개혁이 나오면 위 그림을 한번 머릿속으로 그려보고는 그

것으로 복습을 대신했다.

초등학생이 등교하니 — 이는 '소학교 제도' 시행이고
하늘에 해가 떠 있으니 — 이는 '태양력'의 시행이고
까까머리 녀석들이 주사 맞으니 — 이는 '단발령'과 '종두법'이며
'건양!'이라는 구호를 외치니 — 이는 '건양'이라는 연호의 시행이고
우체부가 헐레벌떡 뛰어 들어오니 — 이는 '우체국'의 시행이다.

아니면 흔히 사용하는 방법이지만 헷갈리는 사항은 앞글자만 따서 말을 만들어서 외우는 방법(이걸 '초식'이라고 불렀다)도 좋은 방법이다.

여섯 살 때인가, 세들어 사는 아줌마는 걸핏하면 길 건너편 음식점에서 사먹곤 하였는데 그때마다 나에게 눈깔사탕을 주며 그 집 메뉴판 좀 보고 오라며 심부름을 시켰다. 그 당시 메뉴판이라야 음식점앞 판자대기에 붓으로 대충 써 놓은 것이지만.

그래서 나중에는 귀찮아서 그냥 외워버렸다.

'우짜복떡 육찌꼬, 냉해선생 비라주'

우동, **짜**장면, **볶**음밥, **떡**국, **육**계장, **찌**개백반, **꼬**치백반
냉면, **해**장국, **선**지국, **생**선구이백반, **비**빔밥, **라**면, **주**류일체의 초식이다.

학교에 들어가서도 이 방법이 좋은 것 같아 많은 초식을 만들어 공부에 적절히 써먹었다.

지금도 길을 가다가 음식점을 보면 가끔 옛날의 초식이 떠올라 중얼거린다.

― 우짜복떡 육찌꼬, 냉해선생 비라주

100점을 맞으려고 공부하다보면 그 많큼 많은 양을 머릿속에 집어넣어야 하고 이 책 저 책을 보아야 하며, 그에 비례해 지식의 충돌이 일어나게 마련이다.

어설픈 지식 100보다는 확실한 80의 지식이 시험에서는 더 빛을 발한다.

공부란 아니 시험이란, 우선 10점을 맞아야 20점을 맞고, 80점을 맞

아야 100점도 맞을 수 있다.

공부할 때 '나는 80점을 확실히 맞겠다'라는 생각으로 공부해 보자. 시험문제 지문은 5개 이므로 그중 4개지문(80%)를 정확히 골라낼 수 있다면 정답을 고르는 것은 그리 어려운 일이 아니다.

그리고 그렇게 정답을 골라 낼 수 있다면 100점도 불가능한 것이 아니다.

시험문제를 받아들고 1번 지문부터 헷갈리면 그 문제는 이미 틀린 것이나 다름없다.

그리고 이러한 것은 모두 100점을 맞으려고 덤볐다가 발생하는 화근인 것이다.

3. 아들아, 아빠도 80점만 바라봤다

　직장을 다니다가 사표를 내고 공부를 다시 시작하니 모르는 것 투성이고, 출제과목이며 출제경향 등 많은 환경이 바뀌어 있었다.

　오로지 내가 할 수 있는 일이란 남들보다 더 열심히 하는 방법 밖에는 달리 도리가 없어 보였다.

　책상 앞에서 죽기로 결심을 하고 공부에 임했다.

　밥 먹는 시간과 자는 시간을 빼놓고는 늘 책상 앞에 붙어 있었으며, 새벽 3시를 넘기는 일이 다반사였다. 정전이 된 날은 촛불을 켜놓고 공부하기도 했고, 또 어떤 날은 밤을 하얗게 지새기도 했다.

　밤을 하얗게 지샌 날 아침, 떠지지도 않는 눈을 비비며 학원을 갈 때 내 자신이 너무도 서글프고 비장하여 창피한 줄도 모르고 울면서 학원에 간 적도 있다.

　정말이지 내가 인생을 통해서 그렇게 열심히 공부한 적은 없으며 다시 그렇게 하라고 해도 절대로 두 번 다시 하지 못할 1년을 보냈으나 결과는 1차 시험 불합격이라는 청천벽력과 같은 소식을 접해야 했다.

그렇게 몇 주가 지난 어느 날 1차 시험에 합격한 후배가 날 찾아왔다.
'형님처럼 열심히 공부한 사람을 본 적이 없습니다. 그런데 떨어지셨더라구요. 그래서 몰래 형님 책상을 훑어보았습니다. 너무 많은 책이 있더군요. 형님은 공부를 너무 많이 해서 떨어지신 겁니다"

- 허걱. 공부를 너무 많이 해서 떨어지다니.

"기출 문제집만 5번을 돌리십시오. 무조건 붙습니다. 만일 그런데도 합격이 되지 않으면 제가 책임지겠습니다"

처음엔 이 말을 듣고 반신반의 했다. 기출 문제집이라야 한과목당 300쪽 분량이고 8과목을 다 합쳐 봐도 민법의 기본서 분량밖에는 되지 않았다. 그런데 그 정도의 공부만을 하고도 합격이라니.

많은 날을 고민했다.
더 이상 열심히 공부할 자신도 남아있지 않고, 의지도 많이 떨어져 있었다. 그러나, 내겐 주저할 시간이 없었다.

'그래. 고기도 먹어본 놈이 먹는다고 했지. 시험도 합격해본 놈이 합격하는 방법을 알겠지'

이런 결심을 하고 책상위에 있는 나머지 책들을 모두 치워버렸다. 그리고는 미친 듯이 기출 문제집만을 공부하였다.

시험을 불과 한 달여 남겼지만, 3번 밖에는 돌리지 못했다.

불안하기도 하였지만 뒤돌아보지 않기로 하였다.

어차피 내가 확실하게 시험장에 가져갈 수 있는 것은 이것뿐이므로.

시험 시작종이 울리고 문제지를 열어본 순간 정말 너무도 믿기지 않은 일이 벌어졌다.

사법시험 1차과목은 과목당 40문제인데, 글쎄 문제를 받은 지 10분도 채 되지 않아 32문제 정도의 정답이 정확히 눈에 꽂혔다.

아니 문제를 대할 때마다 정답이 '저요! 저요!'하며 손을 들었다.

이런 문제는 고민할 필요도 없다.

목숨을 걸라고 하면 목숨을 걸 정도로 확실하였으니까.

천천히 답을 옮겨 적고는 나머지 문제들을 여유 있게 둘러보았다.

2-3문제는 전혀 모르는 문제였고, 나머지 문제들은 고민을 하면 충

분히 맞출 수 있는 문제들이었다.

처음 접하는 모르는 2-3문제는 별 고민하지 않고 제1감으로 정답으로 생각되는 것을 골랐다. 8과목을 치루는 동안 한 치의 망설임도 없이.

그렇게 시험을 치루었고, 그해 시험에서 상당한 고득점으로 당당히 합격을 하였다.

'아! 시험은 이렇게 합격하는 거구나'

콜럼부스의 달걀은 세우기가 쉽지만

내 앞의 달걀은 깨질까봐 두려워 만지지도 못한다.

- 아들아, 너도 네 앞의 달걀을 한 번 세워봐.

4. 다윗과 골리앗 – 내가 가장 잘 사용하는 무기

성서에 보면 필리스티아(블레셋)의 거인 장수 골리앗을 양치기 소년 다윗이 돌팔매로 쓰러뜨리는 이야기가 나온다.

삼국지를 보면 무조건 전투를 시작하는 것이 아니라 양편에서 장수가 나와 서로 험담을 하고는 일합을 겨루는 장면이 많이 나오는데, 아마도 저 중동에서도 전쟁을 그렇게 하였나보다.

하여 블레셋에서는 골리앗이라는 장수가 나오고, 유대에서도 장수가 나서서 겨루었지만 번번이 골리앗의 칼날아래 무참히 쓰러져갔고, 유대에서는 더 이상 나설 장수가 없었다.

이처럼 절체절명의 위기에 용감히 앞으로 나선 자가 있으니 그가 바로 돌팔매의 달인 '짱돌 다윗선생'이다.

장수인 골리앗은 갑옷을 입고 그 덩치도 어마어마하고 게다가 긴 창이며 예리한 칼 등 당시 최고의 무기로 무장하고 있었고, 이에 비하여 다윗은 그저 돌팔매질을 위한 보잘 것 없는 끈과 짱돌 몇 개만을 갖고 있었을 테고 이것이 다윗의 전부였을 것이다.

그러나 결국 다윗은 골리앗의 급소를 정확히 가격하여 쓰러뜨려 버렸다.

짱돌 하나로.

수험생이라면 책상에 꽂힌 많은 수험서와 문제집 그리고 시도 때도 없는 시험들을 마주하면서, 끔찍하게 두려운 골리앗을 느껴보았을 것이고, 그 앞에 선 나는 작은 다윗과도 같이 한없이 작아 보이는 존재라는 생각에 절망도 하여 보았으리라.

임진왜란 명량대첩.
'아직 신에게는 배 12척이 남아있나이다'
이순신 장군이 수백 척의 왜군을 맞아 싸우며 결전에 임한 각오다.
그러나, 이날 이순신 장군이 치룬 전투는 인류역사상 가장 위대한 해전 중의 하나로 남게 된다.

시험이 다가오면 다가올수록 골리앗은 더 크게만 보이고, 왜선의 수

는 더 많아져만 보인다. 그럴수록 준비가 덜된 나는 늘 불안하고 아는 것이 없는 것처럼 느껴진다.

그러나, 골리앗을 쓰러뜨린 무기는 최신예무기가 아닌 그저 들판에서 양치기를 할 때 늑대를 쫓기 위한 보잘것없는 돌팔매였고, 다윗이 가장 잘 다룰 수 있는 무기였으며, 바로 그것으로 급소를 정확히 가격하였다는 것을 기억하자.

전장에 나가면서 모든 무기를 갖고 나가겠다는 생각은 버리자.
모든 무기를 다 잘 다룰 수 있을 거라는 오만도 버리자.
명량대첩의 승리는 함선의 많고 적음에서 비롯된 것이 아니라 이순신 장군이 보유하였던 보잘것없던 전력을 극대화함으로써 비롯된 것임을 기억하자.

한정된 시간에 그 많은 지식을 모두 내 것으로 만드는 것은 어차피 불가능하다. 아무리 많은 최신 무기가 내 앞에 있다고 해도 다루는 법을 모르는 한 짱돌 하나만도 못하다는 것을 명심하자.

많은 문제집을 다룬다고 해서 내 것이 되는 것은 아니다. 이 책 저책을 비교하면서 깊게 공부한다고 해서 내 실력이 느는 것도 아니다.

중요한 것은 비록 기초적인 지식이라고 하더라도, 한 줄 밖에 되지 않는 지문이라고 하더라도, 내가 나만의 무기로써 충분히 다룰 수 있을 만큼 연마하자. 그것만이 진정 내가 싸움터에 임했을 때 적의 급소를 정확히 가격할 수 있는 수단이니까.

80점만 정확히 맞는다고 생각하자.

지문의 80%만이라도 100%의 확신으로 가려낼 수 있다면

90점, 100점도 맞을 수 있다.

우리도 시험의 달인이 된다.

시험의 달인 '80점 선생'

그것이 진정 내게 주어진 필살의 무기이니까.

어려운 문제는 1,000등 차이 쉬운 문제는 100,000등 차이

1. 절대로 쉬운 문제를 틀려서는 안된다

시험장에서 어려운 문제를 만나면 누구나 당황하게 되고, 앞이 캄캄해지는 것을 경험하게 된다.

'너한테만 어려운 것은 아니니 침착해야 한다.'라던 선생님의 말씀이 귓가에 맴돌지만 일 년에 단 한번 뿐인 수험장에서 나를 진정시키며 냉정을 찾기란 여간 어려운 일이 아니다.

그러나, 그런 시험일수록 좀 더 눈을 부릅뜨고 쉬운 문제를 접하며 절대로 쉬운 문제를 틀려서는 안 된다.

그러한 시험일수록 보다 어려운 문제를 맞추는 자가 승리자가 되는 것이 아니라 쉬운 문제만이라도 정확히 모조리 맞추는 자가 승리자가 된다.

'호랑이에게 물려가도 정신만 차리면 산다'는 이야기는 이때 필요한 이야기다.

인간의 욕심중에는 '최초', '오로지', '나만이'라는 심리적 욕구가 존재하며, 이는 공부에 있어서도 예외는 아니다. 남들이 풀지 못하는 문제를 척척 풀어나갈 때 쾌감을 느끼며, 남들이 탐험하지 못한 곳을 개척할 때 야릇한 승리감에 도취되기도 한다.

그래서 친구들이 다 틀리는 문제를 나 혼자 맞추기라도 하면 풀이의 과정을 친절히 설명해 주면서 어깨에 힘이 들어가 으스대면서도, 정작 남들은 다 맞췄는데 나만 실수로 틀린 쉬운 문제에 대하여는 개의치 않으려 한다. '그건 실수로 틀렸으니, 다음에 실수안하면 되지 뭐'라고 자위하면서.

큰 함정이 도사리고 있는지도 모른 채.

만일 오늘 치룬 시험이 전국에서 치루어지고 응시자가 50만명이 넘는 시험이었다면 문제는 아주 심각해진다.

남들이 못 맞추는 어려운 문제를 하나 더 맞힌다고 해도 기껏해야 석차는 몇 천 등 아니 몇 백 등 밖에는 오르지 않는다, 그러나 남들이 다 맞히는 쉬운 문제를 틀리기라도 하는 날에는 수십만 등의 석차가 내려간다는 사실이다.

여기에, 악재가 겹쳐 어려운 문제도 풀다가 결국은 틀리고 또 시간에 쫓겨 허둥대다가 쉬운 문제라도 틀리게 되는 날에는 도저히 회복할 수 없는 지경에 이르고 만다.

점수란 10점을 맞고 나서 20점이 되고 20점을 지나야 30점이 되며 그렇게 그렇게 가다가 100점에 이르게 된다는 사실이다.

- 쉬운 문제를 다 맞추는 그런 연습을 해야 한단다.

2. 기초가 부실한 건물은 언젠가는 무너진다

공부란 하면 할수록 어렵게 느껴지고 해야 할 것이 많게만 느껴진다.

그리고 열심히 하지 못했던 지난날을 생각하며 후회를 하기도 한다.

그래서 학년이 올라가면 한번쯤은, 혹 원하는 대학에 들어가지 못하면, 재수를 하고 싶다는 생각이 들게 마련이다.

그러나, 많은 통계에 나와 있듯이 재수를 한 학생의 성적이 지난해보다 나은 경우는 그리 많지 않다.

이유는 간단하다.

더 높은 빌딩을 세우려면 기초공사를 더 튼튼히 했어야 하는데, 기초공사가 덜 된 건물에 치장을 한들, 리모델링을 한들 그 무슨 소용이 있겠는가(절대로 재수생을 기죽이려고 하는 이야기는 아니다).

만일 내가 공부가 덜되어서 가고픈 상급학교에 가지 못하였고 더 열심히 공부하여 한두 단계 더 높은 학교의 입학을 원한다면, 재수를 할 생각을 하지 말고 차라리 삼수를 한다고 생각하고 기초부터 다시 다지길 바란다.

혹 이글을 읽는 저학년 학생이 있다면 명심해두기 바란다.

욕심내지 말고 기초부터 아주 탄탄히 다지라고.

지금 학년의 수학을 제대로 풀지 못하면 과감하게 전년도 교과서를 풀어라. 그래도 안 되면 다시 한 학년을 내려가라.

잘 못 지은 건물을 수리하는 것보다는 새로 건물을 짓는 것이 훨씬 더 수월하며 그래야만 결국 내가 원하는 크고 아름다운 건물을 지을 수 있다.

기초공사가 잘못된 건물은 반드시 언젠가는 와르르 무너지고 만다.

그날이 바로 시험을 망친 날이다.

신이시여.

그날이 수능시험일이 되지 않게 하소서.

가끔 자신의 평소성적과는 턱도 없이 모자라게 시험을 망치는 날이 있곤 한데, 대부분 시험을 망쳤다며 실수를 하였네, 운이 없었네 하며

이 핑계 저 핑계를 대곤 한다.

그러나 그건 시험을 망친 것이 아니라 기초가 무너진 것이다.

시험을 망쳐본 경험이 있다면, 깊이 생각해보고 기초를 다시 잡는 계기로 삼는 지혜를 갖기 바란다.

사법시험을 공부하던 시절, 두 달여 남은 시점 마지막으로 치른 2차 모의고사에서 민사소송법이 37점을 맞아 과락(40점 미만)을 하였고, 그 충격은 이루 말할 수 없었다. 과락이라는 점수는 아예 그 과목의 기본조차 이해하지 못하고 있다는 정도의 점수로서 일종의 사형선고와 같았기 때문이다.

집에서 고생하는 아내와 어린 딸아들의 모습이 순간순간 파노라마처럼 스쳐 지나갔다.

원래 사법시험 과목 중 민사소송법은 '마의 과목'이라고 할 만큼 그 내용이 난해하고, 이해하는데 많은 시간을 필요로 하는 과목이었으며, 그래서 다른 과목에서 고득점을 하고도 민사소송법에서 과락을 맞아 떨어지는 경우가 부지기수였기 때문이기도 하였지만, 그래서 이 과목만큼은 나도 적지 않은 시간을 투자하였고 또 각종 모의고사에서 고득점비행을 하던 나로서는 하늘이 무너지는 충격을 맛보아야만 했다.

채점을 한 교수는 절친한 대학 선배였고, 이런 사정을 접하고 함께 공부하던 후배들은 "형, 그 교수님과는 절친한 사이시잖아요. 형님을 아끼는 교수님이 형님께 끝까지 긴장을 늦추지 말라는 의미로 그리한 것이니 너무 걱정하지 마세요"라며 위로해주었다.

그들이 위로한다고 해서 될 일이 아니었으며, 본고사에서 내가 과락을 맞지 말라는 법도 없지 않은가.

그래서 난 그 점수가 주는 본래의 의미-기본조차 되어 있지 않다-를 그대로 받아들이기로 하였다.

기본적인 사항도 모르는 것으로 간주하고, 겸허하게 그날부터 기본서(교과서)를 꺼내어들고 아주 기초적인 것부터 한글자도 빼먹지 않고 다시 차근차근 공부하기 시작하였다. 기본서만 해도 족히 1000쪽이 넘어 공부해야할 내용은 산더미처럼 많고 이해해야 할 법리는 태산준령 같이 높아만 보이고 시험은 이제 불과 2달여 밖에는 남지 않았지만.

난 이렇게 기도할 수 밖에는 다른 도리가 없었다.

'신이시여, 저에게는 아직 2달이라는 시간이 남아있나이다.'

내가 그간 당연히 안다고 생각하고 있었던 아주 기초적인 부분까지도 의문을 가져가며 다시 철저하게 훑어 나갔고, 그 과정은 너무도 길게 느껴지며 고통스러웠지만 그렇게 교과서를 바닥부터 다시 훑는 동안, 내가 알고 있었다고 생각했던 많은 것들 중에 의외로 허점이 많았다는 것을 깨닫게 되었다.

시험을 불과 이주일 남긴 시점에 간신히 1회독이 되었지만, 기본에 대해서만큼은 확고한 자신이 생겼다.

- 그래, 과락은 넘기겠구나.

그해 민사소송법문제 역시 어려운 문제였으며, 많은 수험생이 과락을 맞고 권토중래(捲土重來)를 꿈꾸며 다시 책상 앞으로 되돌아갔지만, 난 운 좋게 고득점을 하고 시험에 합격하였다.

나중에 채점평을 들었다.

기본개념에서 출발하여 답압을 작성한 답안지에 후한 점수가 주어졌다는...

그리고 난 다시 기도하였다.

'신이시여. 처음으로 되돌아갈 수 있는 용기와 지혜를 주셔서 감사합니다'

— 아들아, 공부도 겸손한 자세를 가져야만 성공한단다.

3. 중위권의 석차는 하루아침에 뒤집어진다
– 난이도에 따라 나타나는 문제

며칠 전 아들이 모의고사를 치루고 왔는데 시험문제가 어려워 시험을 망쳤다며 투덜거리더니 갑자기 사라져버렸다. 스트레스 풀러 영화관에 갔단다.

당장 불러다 이야기하면 기분이 상할 것 같아 오늘에사 물어보았다.

몇점이나 떨어졌느냐고 물어보니 이십점이나 떨어졌단다. 그럼 1등 하는 아이는 몇점이나 떨어졌냐고 물었더니 10여점 정도 떨어졌단다.

그러면서 자기보다 공부 못하던 친구 중에 20점이나 오른 아이가 있단다.

시험이란 이런 것이다.

최상위권에 있는 학생들은 시험문제가 어렵다고 해서, 또 쉽다고 해서 좀체로 석차가 바뀌지 않는다. 단지 표시되는 점수의 변동만이 있을 뿐이다. 100점에서 90점으로 혹은 90점에서 100점으로.

그러나, 중위권에 있는 학생들은 출제난이도에 따라 석차가 뒤죽박

죽되어버리는 경우가 허다하다.

해마다 입시가 끝나고 나면 시험문제의 난이도가 높았느니 낮았느니 하며 난리법석이다. 심지어는 9시 뉴스에도 시험난이도가 등장한다.

시험난이도가 왜 중요할까.

만일 시험의 난이도가 높아서 100점 맞던 아이가 80점을 맞고, 80점 맞던 아이는 60점, 60점을 맞던 아이가 40점을 맞게 된다거나, 시험의 난이도가 낮아 90점 맞던 아이가 100점, 60점 맞던 아이는 70점, 50점 맞던 아이는 60점을 맞는다면 이는 하나도 문제될 것이 없다.

어차피 시험이라는 것이 얼마만큼 아느냐에 대한 변별력을 가르기 위한 것이라면 어떤 형태이든 이미 변별이 되며 순위 또한 큰 변동이 없기 때문이다.

그런데, 문제는 중위권이다.

시험문제의 난이도에 따라 순위가 뒤바뀌는 경우가 허다하기 때문이다.

왜 난이도에 따라 성적이 뒤죽박죽이 되는 것일까.

시험이 쉽게 나와도, 어렵게 나와도 시험을 망치는 아이는 분명히 있다.

우리 모두는 시험 당일 날 로또에 당첨될 만큼 억세게 운이 좋아 중위권 대학에 갈 실력을 가진 녀석이 서울대에 갈 정도의 성적이 나오길 바라지는 않는다.

단지 중위권대학에 갈 실력을 가졌다고 생각되던 녀석이 시험을 망쳐 하위권대학에 갈 점수를 맞는 것을 두려워할 뿐이다.

그런데 불안한 것은, 시험치고 나서 시험을 망쳤다고 하는 학생이 대다수라는 점이다.

내가 혹은 우리 아이는 절대로 그 안에 들어서는 안된다.

그렇다면 어떻게 해야 하나.

용한 점쟁이라도 찾아가서 내년엔 시험문제가 어렵게 나오는지 쉽게 나오는지 알아보고, 쉽게 공부하라고 해야 하나, 아니면 어렵게 나오니 어려운 문제라도 하나도 빠뜨리지 말고 공부하라고 해야 하나.

문제가 이렇게 해결될 수만 있다면 얼마나 좋을까.

그러나 정작 문제의 해결은 간단한 데에 있다.

중위권의 학생이라면 성적의 편차를 줄이는 것이 제일 중요하다.

80점 맞다가 문제가 어려우면 70점을 맞으면 되는 것이고, 문제가 쉬우면 90점을 맞으면 되는 것이다.

문제가 어려울 거라고 예상해서 고난이도의 문제를 중심으로 공부했다가는, 자칫 많은 시간만을 낭비함은 물론 소기의 성과도 얻지 못한다.

듣도 보지도 못한 문제가 나오면 그냥 과감히 무시하고 지나가 버려라. 나중에 시간이 나면 풀어보던가 말던가.

그런 문제는 어차피 나의 실력을 테스트하기 위한 문제가 아니고 1,2등을 가리는 문제이므로 어차피 나와는 상관이 없는 문제이다. 맞추면 다행이고 틀려도 그만이다.

나를 향한 문제만을 정확히 맞추어라.

내가 가지고 갈 수 있는 최선의 무기만을 가지고 가자.

80점만 정확히 맞을 수 있는 기본을 체화시켜가자.

그것만이 살 길이며,

거기에 조금의 운만 붙으면 예상치 못한 좋은 성과도 나타날 수 있다.

흔히들 착각하는 문제 중의 하나가 시험문제가 어렵게 났다고 하면 무조건 '묻는 내용'이 어려워진 것으로 착각하고, 더 어려운 내용을 공부하며 더 깊게 공부하려고만 하는데, 그러다보면 해야 할 내용이 너무 많아져버리기 일쑤이다.

시험이 어렵다는 것은 '묻는 내용'이 어려워 진 것이 아니라, '묻는 방법'이 어려워졌기 때문이다.

예컨대, 같은 내용의 문제라도 '다음 중 틀린 지문을 골라라'는 문제보다는 '다음 중 맞는 지문을 골라라'는 문제가 훨씬 더 어려운 것이며, 이는 묻는 방법을 달리했기 때문이다.

즉, 앞의 문제는 맞는 지문 4개에 틀린 지문 1개를 넣어 만든 문제이지만, 뒤의 문제는 틀린 지문 4개에 맞는 지문 1개를 넣어 만든 문제인데, 맞는 지문은 평소 공부하던 그대로 눈에 익은 지문이지만, 틀린 지문은 평소 보지 못하던 지문이기에 틀린 지문이 많은 문제일수록 판단력이 흐려질 수밖에 없는 것이며,

또, '다음 중 맞는 것은?'이라는 문제보다는 '다음 중 맞는 것은 몇 개인가?'라고 물어보는 문제가 훨씬 더 어려운 것이다.

이처럼, 같은 내용이더라도 물어보는 방법을 달리하여 얼마든지 문제를 어렵게 낼 수 있는데, 이게 바로 시험문제의 난이도인 것이다.

따라서, 성적의 편차를 줄이기 위해서는 많은 내용을 아는 것보다는 적은 내용이더라도 아주 정확히 아는 것이 훨씬 중요한 것이며, 평소 공부할 때 모든 지문을 O×화하고, 그 내용을 다시 변형하여 스스로 문제를 내보고 그렇게 공부하면 내 스스로 문제의 난이도를 일정하게 만드는 것이 되며, 묻는 방법에 따라 내가 흔들리지 않게 되는 것이고 이것이 바로 시험에 실패하지 않는 비결이자 고득점에 이르는 지름길이기도 하다.

4. 확률이 높은 게임을 하자

설날이나 명절에 친척끼리 모이면 윷놀이도 하고 또 어른끼리는 고스톱도 친다. 아무리 친척끼리라도 게임은 게임인지라 자칫 내기라도 걸리는 날에는 서로 이기려고 아우성이다.

윷놀이에서 이기려면 윷을 잘 던져야 된다. 계속해서 윷이나 모가 나오는데 어찌하랴 이길 수밖에 없지 않은가 그러나 그건 그야말로 운이고, 결국 윷놀이는 말을 잘 놓아야 이길 확률이 높다. 말을 잘 놓는다는 것은 결국 말 놓는 사람이 확률을 잘 계산하여 확률이 높은 쪽으로 말을 움직인다는 것이다.

고스톱도 마찬가지이다. 계속해서 손에 7각패와 쪼카가 들리는데 어찌하랴 이길 수밖에 없지 않는가. 그러나, 손에 든 패가 좋다고 다 이기는 것도 아니고 판마다 좋은 패가 손에 들리는 것도 아니다. 결국 들어오는 패는 운에 맡길 수밖에는 없고, 손에 든 패와 바닥에 깔린 패를 잘 보고 확률을 잘 계산하여 던져야 '싹쓸이'도 나오고 '쪽'도 나오며 급기야는 상대방을 싸게 만들어 거기에 한 장 덤을 붙여 가져올 때 그야말로 고스톱판의 그랑프리 '상한가'가 터지는 것이 아닌가.

결국 게임을 생각해보면, 승패는 운보다 노력, 경영에 따라 좌우된다는 결론이 나온다.

공부도 마찬가지이다.

공부를 잘하려면 머리도 좋고 공부도 열심히 하여야 하지만, 어차피 아이큐 160을 넘는 행운을 갖고 태어나지 않은 이상 약간의 두뇌 차이는 별로 문제가 되지 않는다. 결국 문제는 확률이 높은 방법으로 열심히 하는 수밖에는 없다.

행복한 상상을 한번 해 보자.

넓은 운동장에 5만원짜리, 만원짜리, 천원짜리 돈이 섞여 널려져 있는데, 제한된 시간을 주면서 가지고 싶은 만큼 주워가라고 한다면, 어떤 순서로 주워 담을 것인가.

이건 일초의 망설임도 필요가 없다. 아주 간단한 문제니까.

먼저 가능한 한 5만원짜리를 모두 챙기고, 그 다음에 만원짜리를 챙기고, 그리고 나서 여유가 생기면 천원짜리를 챙길 것이다.

이와 같은 행동의 원인을 논리적으로 추론하여 보면, 고액권부터 먼저 챙기는 것이 제일 많은 돈을 모을 확률이 높기 때문이다. 이렇듯 아주 짧은 순간의 선택에 있어서도 우리는 무의식적으로 확률을 계산하고 성공할 확률이 높은 쪽으로 게임을 하고 있는 것이다.

왕자의 공부문제로 골머리를 썩이던 어느 왕이 자신의 신하이자 스승인 대철학자에게 이렇게 물었다.

'대체 어떻게 하면 공부를 잘할 수 있느냐'

이에 그 신하는 '공부에는 왕도(王道)가 없습니다'라고 대답했다고 한다.

옛날에는 길도 좁고 도로도 발달하여 있지 않아 보통사람들이 어느 목적지를 가려면 때로는 좁은 길을 돌아돌아 길도 아닌 곳을 지나가야 하는 등 아주 힘들게 목적지에 도달하였지만, 왕이 다니는 길(王道)은 따로 놓여져 있어서 왕은 아주 쉽고 편하게 왕래하였던 것이다.

그래서 그 왕은 공부를 하는 데도 그런 길이 있다고 생각하고 신하에게 물었지만 공부에 있어서 그런 왕도는 없었던 것이다.

공부에 있어서 왕도가 없는 것이 얼마나 다행인지 모른다.

만일 왕도가 있었다면 왕족이나 귀족들만이 지식을 누리고 출세를 하였을테니까.

그러나, 비록 공부에 왕도는 없다고 해도 적어도 신하도(臣下道)는 있다. 그건 공부에도 게임의 법칙과 경제학의 원리를 적용하여 '확률 높은 투자'와 '최소한의 비용으로 최대한의 효과'를 내려는 길(道)인 것이다.

기초개념이나 기본문제는 하면 할수록 바로 점수로 이어지지만, 심화학습으로 갈수록 바로 점수로 이어진다는 보장이 없다.

따라서, 챙길 수 있는 한 최대 한도로 5만원권과 같은 기본문제, 기초개념, 기출문제를 챙기고, 여력이 생기면 심화학습을 하여야 한다.

— 아들아. 기본개념, 기출문제는 5만원짜리이고, 응용문제는 만원짜리, 심화학습은 천원짜리란다.

5. 가장 좋은 학습지는 교과서란다 – 정답은 교과서에 있다

대학을 들어가기 위해서 대학에서 치루는 본고사를 합격해야 했던 시절인 1970년대.

당시 서울의 주요대학들의 수학시험문제는 주관식으로 두세 문제(요즘으로 치자면 논술문제)가 출제되었고, 서울대학교의 경우도 통상 두 문제 정도가 출제되었는데 놀라운 것은 합격자의 평균수학점수가 50점이 채 되지 않았다는 것이며, 이는 상당히 어려운 문제가 출제된다는 것을 의미하기도 하였다.

그런데, 어느 해 서울대학교 수학문제 중 '$\sqrt{2}$는 무리수임을 증명하라'라는 문제가 50점짜리로 출제되었는데, 바로 그 문제는 고등학교 1학년 수학교과서 '무리수'편 개념설명에 그 증명과정이 고스란히 들어있었고, '무리수란 분수로 나타낼 수 없는 수'라는 기초개념만 생각해 낼 수 있다면 증명하는데 채 10분도 걸리지 않는 문제였다.

그런데 놀라운 것은 서울대학교에 지원한 수험생의 대다수가 이 문제를 접하고는 망연자실한 채 연필만 만지작거렸고, 결국 그해에도 합격생의 수학평균점은 50점이 되지 않았다고 한다.

당시 서울대학교, 아니 상위권 대학의 수학본고사를 대비하기 위해서는 국내의 문제는 물론 일본의 동경대학이나 와세다대학의 기출문제까지도 구해서 풀곤 하였고, 심지어 동경대학의 어떤 문제는 수학선생님과 한 시간 동안이나 함께 풀다가 결국은 손을 놓아버린 그런 문제도 있었다. 사정이 그러니 그때도 고액과외며 교수과외다 하는 등 난리법석이었던 시절이다.

그런 시절이었던 만큼 그 수학문제가 가져다 준 충격은 그야말로 대단한 것이었다.

가끔 궁금할 때면 아이들방에 들어가 책상에 꽂혀있는 책들을 뒤적거리곤 하는데, 그 많은 책 중에서 희한하게도 교과서는 눈에 들어오지 않는다.

고등학교에 다니는 둘째 녀석은 물론이고 초등학교에 다니는 막내녀석의 책상에서도 교과서를 발견할 수가 없다.

어찌된 일이냐고 물으니 교과서는 학교에 놓고 다닌단다.

- 이뿔사.
- 세상에서 가장 좋은 책을 놔두고 딴 책으로 공부하는구나.

왜 교과서로 공부를 하지 않고 참고서로 공부하느냐고 물어보니 참고서에도 교과서에 나오는 내용이 모두 실려 있단다. 틀린 말은 아니다.
그런데, 교과서가 무엇인가.
우리나라의 공교육기관에서 가르치기 위하여 대한민국에서 내로라 하는 최고의 저자들이 머리를 맞대고 저술한 책이 아닌가.

물론 교과서에 나오는 내용만 가지고는 응용문제나 심화학습을 하기에는 부족한 면이 있다.
그러나, 개념을 정리하거나 기초를 쌓는 데는 교과서만한 책이 또 없다.

밥이 있고 반찬이 있어야 훌륭한 한 끼 식사가 되듯이
개념도 있고 응용, 심화학습도 있어야 충분한 학습효과가 생기는 것

은 사실이다.

그러나, 아무리 많은 반찬이 있어도 밥이 없으면 식사라고 할 수 없듯이 많은 응용문제나 심화학습을 연습하였다고 하더라도 기초를 정확하게 꿰뚫고 있지 않으면 실력이라고 할 수 없다.

학습참고서를 공부함에 있어서 빠지기 쉬운 함정은 기초개념을 놓치기 쉽다는 것이다. 보다 많은 내용을 담으려고 하다 보니 기초보다는 응용, 심화에 관한 부분에 많은 지면을 할애하는 것이 학습지이고, 또 학습지를 공부하면서 어떤 부분은 건너뛰거나 할 수는 없다보니 학습지 전체를 중요도와는 관계없이 평면적으로 공부하게 되고 그러다보니 자칫 기초부분을 소홀히 하기 쉽다는 말이다.

난 초등학교에 다니는 막내녀석의 학습지를 같이 공부하다가 너무 버겁다고 생각되는 문제는 아예 검정펜으로 ×표를 해버린다.

학습지 한권을 공부할 시간이면 교과서는 서너차례를 공부할 수 있는 시간이 될 것이고, 그것이 바로 기초를 튼튼하게 하고 전장터에 내가 갖고 갈수 있는 훌륭한 나만의 무기가 된다는 것이다.

만일 그것도 안 된다면 학습지로 공부할 때 적어도 기초개념부분은 꼭 서너번 이상은 반복하라는 충언을 하고 싶다.

교과서를 도외시해서는 안 되는 두 번째 이유는, 모든 문제의 출발점이 되며 정답의 기초가 되는 것이 바로 교과서라는 점이다.

우리나라에서 치르는 각종 국가고시나 국가가 주관하는 시험은, 교과서를 충분히 이해한 사람이라면 해결할 수 있는 문제인가를 기초로 하여 문제를 출제하게 되며, 과연 무엇이 정답인가에 대한 논쟁이 있을 때 판단의 기초가 되는 것이 바로 교과서이며, 아무리 어려운 문제라도 교과서를 근거로 정답을 찾을 수만 있다면 문제를 너무 어렵게 출제하였다는 비난을 피할 수 있기 때문이다.

- 아들아 오늘도 교과서를 학교에 두고 왔니?

시간이 된다면 주말에 교과서로 한번 정리를 하렴.

6. 시대가 바뀌었다고? – 공부방법은 절대로 바뀌지 않는다

　조선시대에도 요즈음과 같은 사교육기관도 있었고 과외가 있었으며, 과거를 몇 달 남겨 놓고는 예상문제를 쪽쪽 골라 가르쳐주는 족집게 선생도 있었으며 그래서 아예 그 족집게 선생집에서 몇 달을 머무르며 기숙하는 학생도 있었고, 최고의 대학인 성균관 유생들도 커닝을 하였으며, 학식이 높아 시험출제관으로 점쳐지는 학자들에게 줄을 대는 사람도 있었다.
　4살 때 천자문이며 동몽선습을 두루 꿰찬 신동들도 가끔은 있었으니 대표적인 선행학습의 선구자들이며, 그 어머니들 역시 치맛바람의 원조이시다.

　시대가 달라졌다며, 유치원서부터 학원을 보내기 시작하는가 하면, 학원에서 내주는 숙제를 하기 위해 숙제전담과외를 또 한다고 한다.
　모름지기 많이 배워야 한다며 저학년부터 이 책, 저 책을 공부하게 하고 이 학원 저 학원으로 유랑을 시킨다.
　요즘 세상에 3년정도는 선행학습을 해야 한다며 중학생에게 고등학교 과정을 가르치는가 하면, 초등학교 1학년에게 수학을 제대로 가르쳐야 한다며 대치동으로 무슨 동으로 부지런히 실어 나른다.

시대가 달라졌다고 하지 마라.

인간의 두뇌는 기원전 500년 전이나 지금이나 달라진 것이 없다.

지금도 파스칼의 수학 원리를 공부하고, 소크라테스의 철학을 연구한다.

시대가 바뀌었지만, 성공한 사람들은 모두 자기 자신이 스스로 피나는 노력을 한 사람들이다.

공부란 배우는 것이 중요한 것이 아니라, 배운 것을 익히는 것이 제일 중요한 작업이다.

흔히, 우리나라의 공교육이 무너졌다고 하면서 그 탓을 사교육기관에 돌리고는 사교육기관의 수업시간을 밤10로 제한합네 어쩌네 야단들이다.

그러나, 우리나라는 공교육만이 무너진 나라가 아니라 사교육도 무너진 나라다.

시대가 바뀌었다고 말하지 말라.

사교육은 조선시대이전에도 있었고, 그럼에도 불구하고 사교육과 공교육이 공존하였던 이유는 서로가 서로를 무너뜨린 것이 아니라 서로가 서로를 보완하는 관계에 있었기 때문이다.

우리 학부모들과 아이들이 지나치게 사교육에 의존하면서 공교육이 무너지기 시작하였으며, 지나친 사교육의 편중은 사교육의 인플레이션을 유발하여 결국은 사교육도 갈 길을 몰라 헤메이고 있지 않은가.

이럴 때일수록 정신을 바짝 차려야 산다.

교육, 아니 공부에 있어서 공교육과 사교육은 밥과 반찬과 같이 서로 조화를 이루어가는 것이지 절대로 한 쪽에만 의지해서는 안 되는 것이다.

모자라는 공부를 위하여 사교육을 하지 않을 수 없는 것이 현실이라면, 내게 알맞는 가장 합리적이고 효과적인 선택을 하여야만 한다.

교과서 수준의 학습이 안 되었으면 교과서를 가르치는,
스스로 복습이 안 되면 복습을 위주로 하는,
그런 사교육이 필요하다.

7. 모든 지문은 ○×화 시켜라 – 정확한 지식을 축적하기 위해

수험장에서 다음과 같은 글이 문제의 1번 지문으로 떴는데, 만일 다음 지문이 맞는지 틀리는지에 목숨을 걸라고 한다면 어떻게 할까.

'한글은 조선 4대 임금인 세종대왕이 1446년에 창제한 것으로서 자음 17개와 모음 11개로 이루어져 있다'

목숨을 걸고 ○×를 하라고 하니 위 지문의 모든 구절을 의심하게 된다.

세종대왕이 조선의 4대 임금인지

한글 창제는 1443년인지 1446년인지

자음 17개가 맞는지

모음은 11개가 맞는지

평소에 아무렇지도 않게 당연한 지문으로 보아 넘겼던 지문이지만,

지난 3년간의 고생을 담보로 하여 인생을 걸고 치는 시험장에서는 결코 '당연하게' 느껴지지 않는다.

수능시험장에서는 극도의 긴장감 속에 지문을 대하게 되므로 쉬운 지문도 결코 당연하게 받아들여지지 않으며, 과연 이 지문이 맞는 것인지 극도의 의구심을 가지고 지문을 대한다.

하여 앞에서 예시한 지문에 대하여 다음과 같은 질문을 반복한다.

'한글은 조선 **3대** 임금인 세종대왕이 1446년에 창제한 것으로서 자음 17개와 모음 11개로 이루어져 있다'가 아닌지

'한글은 조선 4대 임금인 **태종**대왕이 1446년에 창제한 것으로서 자음 17개와 모음 11개로 이루어져 있다'가 아닌지

'한글은 조선 4대 임금인 세종대왕이 **1443년**에 창제한 것으로서 자음 17개와 모음 11개로 이루어져 있다'가 아닌지

'한글은 조선 4대 임금인 세종대왕이 1446년에 창제한 것으로서 자음 **14개**와 모음 **10개**로 이루어져 있다'는 아닌지.

1번 지문부터 이런 고민이 든다면 정답을 찾아내기는 거의 불가능하다.

많이 경험해보았겠지만 1번지문의 정오를 자신있게 판단할 수만 있다면 그 문제는 이미 반은 맞은 것이나 다름이 없다.

그리고, 1번 지문을 자신있게 판단할 수 있느냐의 문제는 내가 정확한 80쪽을 공부하였느냐 어설프게 100쪽을 공부하였느냐의 문제와 직결된다.

그래서, 모든 문제나 지문을 공부할 때 전체적으로 보아 맞는 것은 무엇인지 틀린 것은 무엇인지 판단하지 말고, 각 지문이 정확히 맞는 것인지 만일 틀렸다면 정확히 어디가 왜 틀린 것인지 확인을 하고 모든 지문은 ○ × 문제화 하기 바란다.

앞서 이야기하였지만 전쟁터에 모든 무기를 다 가지고 나갈 수는 없으며, 그 많은 무기를 사용할 틈도 없다. 내가 가장 잘 다룰 수 있는 무기를 가지고 나서야만 내 목숨을 구할 수 있다.

– 아들아. 욕심내지 말고 80%만 정확히 네 것으로 만들렴

8. 고기가 노는 곳에 그물을 쳐야 – 문제는 나오던 곳에서 나온다

'아이들에게 물고기를 잡아주기 보다는 물고기 잡는 법을 가르쳐주라'고 한다. 늘상 듣는 이야기라 식상하기까지 하다.

보나마나 많은 양의 지식을 가르치기보다는 공부하는 방법을 가르치라는 이야기이겠구나라고 쉽게 흘려버리고 만다.

그런데, 이 이야기에 고개만 끄덕거리며 지당한 이야기라고 할 뿐 도대체 물고기를 어떻게 잡는 것인지, 또 어떻게 하면 물고기를 많이 잡는지에 대해서는 구체적으로 생각해보려 하지 않는다.

지식이란 구체화되어야만 비로소 내 것이 되고 삶에 보탬이 되는 것이지 추상화된 상태로 머물러서는 아무런 도움이 안 된다.

물고기를 잡아다주는 것보다 물고기 잡는 방법을 가르쳐주는 것이 옳은 길인 줄은 알겠으나 도대체 뭘 가르쳐야 '물고기를 잡는 법'을 잘 가르친게 되는 것인지 판단이 잘 서지 않는다. 결국은 물고기 잘 잡는 사람 곁에 아이를 하루 종일 놓아두던가 아니면 그냥 물고기를 잡아다

주고 만다.

물고기를 잘 잡으려면 도구도 잘 챙기고 낚는 기술도 중요하지만, 제일 중요한 기술은 물고기가 많이 사는 곳을 알아내는 기술이며, 물고기가 많이 사는 곳을 알아내면 물고기를 잡는 것은 이제 시간문제인 것이다.

아무리 낚시기술이 뛰어나다고 해도 물고기가 없는 곳에 낚싯대를 드리우면 빈 바구니로 돌아오기 일쑤이고, 물고기가 살지 않는 곳에 그물을 드리우면 심지어 쓰레기만 올라온다.

물고기가 제일 많이 사는 곳이 어디일까.

바로 '기출문제'다.

물고기는 잡히는 곳에서 계속 잡힌다.

많은 수험생들이 흔히 범하는 실수가 바로 기출문제를 '내가 시험장가면 몇 점이나 맞을까'를 테스트해보는 리트머스종이 정도로 생각한다.

신기하게도 기출문제집을 풀어보면 점수가 잘 나온다. '시험장에 가면 이 정도의 점수는 나오겠구나, 이 정도 문제는 맞히겠구나'하는 자신감에 부푼다. 그야말로 '망상'이다.

기출문제를 잘 맞추는 이유는, 당해 출제년도에 출제가 되어 이미 그에 대한 유제문제가 많은 책에 실리고 각 교육기관에서 이미 강의가 많이 되었기 때문에 문제가 쉬워 보이는 것뿐이다.

기출문제를 맞히고 못 맞히는 것이 중요한 것이 아니라, 기출문제에서 과연 무엇을 묻고자 했는지를 정확히 분석해내는 것이 중요하다.

10년간의 기출문제를 철저히 분석하고, 꼭꼭 씹어먹기 바란다.

수십 년간 시험이 치루어져 왔고 같은 문제가 출제된 적 없이 매년 새로운 유형의 문제가 출제되었지만, 그러나 '묻는 이유'는 언제나 같았다.

아무리 어려운 응용 혹은 심화문제라고 해도 결국은 문제가 제출된 부분의 기본개념을 정확히 이해하고 있느냐에서 출발한다는 점이다. 따라서 기출된 부분의 기초개념은 자다가도 벌떡 일어나 해결할 수 있을 정도로 익혀야만 한다.

10년간의 기출문제를 철저히 분석하고, 꼭꼭 씹어 먹었다면 이제 자신해도 좋다.

적어도 시험장에서 난생 처음 들어 보는 질문은 없으리라고.

적어도 80점은 완벽하게 맞는 공부가 되었노라고.

– 아들아, 꼭꼭 씹어먹어라. 뼈까지 통째로

9. 틀린 문제를 확실하게 잡는 방법

앞서 이야기하였지만 시험이란 모르는게 많아서 망치는 것이 아니다. 평소 알았다고 하던 문제가 헷갈려서 망치는 거다.

흔히들 학교시험에서 실수로 틀린 문제에 대하여는 괘념치 않는다. '본고사에는 이런 실수는 하지 않겠지' 하면서.

그러나 단언컨대 그런 문제는 반드시 본고사에서 실수한다.

실수하는 문제는 계속해서 실수할 확률이 높다.

인간의 뇌는 독립된 생명체라고 해도 과언이 아닌데, 뇌라는 놈은 바르고 옳은 것만 기억하는 것이 아니라 잘못된 오류도 기억해 놓는다.

그리고 그 오류가 반복이 되면 이제 뇌는 제 스스로 알아서 잘못된, 틀린 길로 스스로 방향을 잡는다. 습관화가 되는 것이다.

중간고사에서 실수로 틀린 문제는 기말고사에서 실수로 또 틀릴 확률이 높으며, 아마도 이런 경험은 누구나가 다 해보았으리라 생각된다.

나도 그랬으니까.

잘못 들린 습관을 고쳐보려고 노력해 본 사람이라면, 나쁜 습관을 고치는 것이 얼마나 힘든 일인지 알고 있을 것이다.

천관녀가 사는 집으로 향하던 애마의 목을 친 김유신을 생각해보라.

이제 실수로 틀린 문제를 바로 잡는 노력을 해보자.

실수로 틀린 문제를 바로 잡는데는 우선 겸허한 자세가 필요하다.

실수라고 끝까지 고집하는 한 절대로 그 문제는 내 것으로 만들 수 없다.

실수로 틀렸다고 생각하지 말고 내가 모르는 문제라고 생각하자.

이런 겸손한 자세가 들면 이미 반은 고친 것이나 다름없다.

그리고, 그 문제의 한 지문 한 지문을 곱씹어본다.

대게 나를 틀리게 만들었던 지문은 천관녀의 향수보다 더 매혹적이며, 정답보다 훨씬 더 그럴싸하다.

당연한 부분을 뒤집어 생각해보고, 또 내가 스스로 그 지문을 틀리게 혹은 바르게 변형시켜보기도 하며, 교묘하게 변형시켜 친구에게 질문도 해보자.

만일 문제가 '다음 중 틀리는 것은?' 이었다면 이제 그 문제의 지문을 스스로 변형시켜 놓고 '다음 중 맞는 지문은?'이라는 문제로 바꾸어 본다.

이렇게 문제를 곱씹어 놓아야만 다음번에는 다시는 틀리지 않게 된다.

이젠 말을 타고 눈을 감고 있어도 절대로 천관녀의 집으로 말머리가 돌아가지 않을 것이며, 사랑하는 애마의 목을 내리쳐야하는 낭패도 면할 수 있는 것이다.

단 10초만에 한 치의 망설임도 없이 정답을 찾아낼 수 있는 것만이 시험장에서 내가 얻는 점수인 것이며, 그렇지 않는 것은 모두 운일 따름이다.

10. 기능이 많은 기계는 고장도 잦다

　옛날 TV리모컨은 버튼 수도 적고 작동하기도 쉬웠는데, 요즘 리모컨은 뭐 그리 버튼이 많은지 도대체 손에 익히기도 어렵고 잘못 만지작거렸다가는 화면이 지워지고 이상한 화면만 계속해 뜬다. 원래 화면으로 돌아가기도 힘들다.

　말로는 smart-phone이라면서 기가 막힌 기능들도 수없이 많은데 정작 통화는 자주 끊어진다. 그것도 아주 중요한 순간에. 값도 무지하게 비싸다. 내가 스마트하지 않아서 그런건지 도대체 스마트하지 않다.

　요즘 기기들은 옛날에 비해 정말 다양하고 많은 기능들을 장착했다.

　웬만한 사람들은 그 기능의 반 아니 십분의 일도 못써먹을 만큼 복잡다단하다.

　기능이 추가될수록 가격도 오른다.

　단순한 기능을 가진 기계들은 아예 진열대에서 사라지고 생산도 멈춰버린다.

　이런 억지가 어디 있는가.

나와는 아무 상관도 필요도 없는 기능까지 갖춘 비싼 기기를 울며 겨자먹기로 사야만 한다.

습득의 속도가 기술의 속도를 따라가지 못하기 때문이다.
기능이 많은 기계는 고장도 잘난다. 기능끼리 충돌하기 때문이다.
마치 지식이 충돌하는 것처럼.

우선 TV는 쉽게 켜지고 쉽게 끌 수 있어야 한다. 예약기능이건 동시 화면이건 우선 화면이 떠야 쓸모가 있는 것이 아닌가.
전화기는 우선 통화가 끊기지 않고 잘 걸려야 한다. 통화가 되어야 3자 통화를 하든 영상통화를 하든 할 것이 아닌가.

우리네 아이들 공부도 양이 많아지고 복잡해졌다. 대학을 가는 방법도 수십가지가 넘는다.
남이 가진 공부기술이 앞선 것만 같고, 남이 다니는 학원이 더 좋게만 보여진다.
다기능(?)을 가진 학원이며 과외를 넘나든다.

아이들로 하여금 너무도 많은 지식을 배우게 한다. 그러나 그 많은 지식중에 정확하게 익혀서 언제라도 시험에서 써먹을 수 있는 지식은 정작 그리 많지 않다.

습득의 속도가 배움의 속도를 따라가지 못하기 때문이다.

- 속도를 줄여라.

가장 얇은 책으로
사진을 찍어라

1. 머리에 넣을 것이 아니라 사진을 찍어 놓아라

중고등학교를 함께 다닌 친한 친구 중 서울대 법대에 진학한 친구가 있다. 그 친구 덕분에 일등을 해 본 적이 거의 없었고, 그래서 6년간 내 머리 속에 언젠간 반드시 타도해야 할 라이벌로 자리 잡은 친구였지만 그래도 사이좋게 함께 공부하고 운동도 하며 지냈다.

그런데 그 친구와 함께 책을 사러 책방에 가면, 그 친구는 가장 얇은 책 두세권을 선택하고는 그 두세권을 비교해서 그중 보다 좋아 보이는 것을 산다. 난 그 친구를 이겨야 하니까 당연히 더 공부를 해야 한다는 각오를 다지고는 내용이 더 풍부한 책을 고른다. 이러다보니 당연히 내가 공부한 책은 두꺼워질 수밖에 없고…

나중에 깨닫고 보니 내가 내 책을 한번 볼 시간에 그 친구는 자기의 책을 두세 번을 보았다.

시험을 치루고 나면 늘 공부깨나 한다는 친구들 곁에서 어려운 문제에 대하여 자신의 책을 뒤져가며 1번이 맞네 2번이 맞네 하며 토론을 하였으나, 정답의 근거가 되는 책의 쪽수를 그 친구가 언제나 제일 먼저 찾아내었고 그 정답의 근거는 그 얇은 책속에 늘 있었다.

사람의 두뇌는 컴퓨터의 그것을 훨씬 능가하지만, 공부할 수 있는 시간은 한정되어 있어서 원하는 양만큼의 정보를 컴퓨터만큼 정확히 입력할 수가 없다.

앞서도 이야기한 바와 같이 목숨을 건 긴장감속에서 자신있는 판단을 할 수 있는 것만이 내 실력이고 내 것이라고 할 수 있으므로, 두서없는 많은 양의 정보보다는 비록 양이 부족하더라도 정확한 정보를 입력하여 놓는 것이 훨씬 효과적이라는 것이다.

시험문제를 접하였을때 '아! 이 내용이 책의 어디쯤에 있더라'하는 기억만이라도 되살아난다면 그 문제는 맞힐 확률이 상당히 높아진다.
그런 점에서 두꺼운 책을 한 번 보기보다는 얇은 책을 여러 번 보라는 것이다.

인간의 기억력은 한계가 있어서 아무리 열심히 공부한 사람이라도 한 달만 손을 놓으면 대부분의 기억은 희미해진다.
그런데 같은 책을 여러 번 보게 되면 자연히 머릿속에 책속의 많은 장면들이 떠오르는 '잔상효과'가 생기는데 바로 이런 경우를 두고 '책장을 사진 찍는다'고 한다.

실제로 고시에 합격한 거의 모든 사람들이 공부하면서 책 내용을 '사진찍었다'고들 한다. 예컨대 민법의 시험문제가 나오면 머릿속으로 민법 교과서의 책장을 넘긴다. 책장을 넘기다가 필요한 부분이 있으면 초안지에 메모하였다가 그것을 기초로 답을 엮어나간다.

 이런 경험이 없는 사람들은 이를 두고 기가 찰 노릇이라고 하면서 역시 고시에 합격한 사람들은 달라도 뭐가 다르다느니 호들갑을 떨며 대단한 사람들이라고 칭찬을 한다. 그런데 그건 고시에 합격한 사람들이 머리가 특별히 좋다거나 기억력이 특별히 뛰어나서가 아니라(실제로 사법연수생의 평균지능은 평균인보다 약간 우수한 정도이다), 같은 책을 여러 번 반복하여 읽다보니 당연히 그렇게 되어지는 것이며, 또 그렇게 되다 보니 그런 능력이 자연스럽게 발달되어 지는 것인데, 모든 인간은 이러한 능력을 다 갖고 있다.

 사실 우리나라 고등학생의 공부시간은 사법고시를 하는 사람들의 그것보다 훨씬 더 많다. 단언컨대, 대학교 입시준비 하듯이 3년만 공부하면 세상에 합격하지 못할 시험은 없다-단, 올바른 방법으로 순공부량이 하루 8시간에서 10시간 하면 많이 하는 거다. 나는 최대 11시간 30분을 해봤는데 그날 밤 머리가 깨져 죽는 줄 알았다.

개인차가 있지만 적어도 공부에 있어서 많은 양의 정보를 체계적으로 머리에 담아두었다가 필요한 때에 바로 찾아 쓰기란 여간 어려운 일이 아니다.

그래서 시험장에 갈 땐 머리를 흔들지 말고 조심조심 걸어가라는 우스갯소리도 있다. 차곡차곡 쌓아둔 지식이 흔들려 섞일까봐.

그러나, 내가 보던 책을 머릿속에 사진 찍어 둘 수만 있다면 굳이 추상화하여 머릿속에 차곡차곡 쌓아두지 않고서도 또 다른 대용량의 기억장치를 갖게 되는 것이다.

시험장에 뛰어 들어가도 된다.

쌓아놓은 지식이 흔들려 뒤죽박죽 되는 일은 절대 없을 테니까.

- 아들아, 너도 사진을 찍어보렴.

가. 사진찍는 방법

인터넷에서 어떤 지점을 가려고 목적지를 찾다 보면 쏠쏠한 재미가 있다. 처음엔 우리나라 지도 전체가 나오는데 그중 범위를 정하여 확대하면 더 자세하게 나오고 그런 작업을 몇 회만 반복하면 동네 뒷골목까지 아주 자세하게 나온다.

그러면 그 지점을 확인하고는 다시 이용하는 도로의 경로를 보기 위하여 축소버튼을 누른다. 그러면 다시 넓은 반경의 지도가 나오고 그래서 그 경로를 확인한다.

앞서 이야기 하였지만 똑 같은 책을 10회 이상 반복하여 읽으면 무조건 사진이 찍힌다.

그런데 문제는 내가 가진 책을 모두 10번씩 읽을 수 있을 만한 시간이 없다는 것이다.

그래서 그 시간을 줄이기 위한 방법을 설명해보고자 한다.

물론 어느 책이든 처음 1,2회독은 정독을 하여야 한다. 그래야 그 책에 나오는 내용을 정확히 이해할 수 있으니까.

그러나 책을 읽는 틈틈이 또는 공부를 시작하기 전에 책의 목차를 한

번씩만 훑어보라는 것이다.

도대체 내가 어떤 내용 중 어떤 부분을 읽고 공부하는 지 한 번 확인 해보면 과목전체에서 내가 하고 있는 또는 하고자 하는 부분이 지난번 학습한 것과는 어떻게 연결되어지며 또 어느 정도로 중요한 부분인지 확인된다.

요즈음은 돌잔치든, 칠순잔치든 결혼식이든 식사는 뷔페 일색이다. 원래 뷔페를 좋아하지 않는 식성이지만 어쨌든 기회가 되어 뷔페식을 하게 되는 경우에는 절대로 접시 먼저 덥석 집어 들고 음식진열대로 바로 가지 않는다.

빨리 먹으려고 줄부터 서서 음식을 담기 시작하다보면, 이미 접시에는 산더미 같이 음식이 담겨있는데 더 맛있어 보이는 음식이 나타나면 참 난감해진다. 하는 수 없이 이미 담은 음식위에 얹어 담거나 다른 접시를 찾아 다시 수북이 담는다.

그러다 보니 옷은 참 세련되게 입었으나 담아 놓은 음식접시를 보면 그것이 요리인지 거지가 동냥을 한 밥그릇인지 구별이 안 간다.

또, 앞으로 더 맛난 것이 나타날 줄 알고 접시를 반도 채우지 않았는데 음식진열대가 끝나는 경우도 있다. 참 난감하다. 뒤로 후진 할 수도 없고. 해서 나중에 먹을 요량으로 되돌아가보면 음식이 떨어진 경우도 허다하다.

그러다보니 담은 음식을 다 먹지도 못하고 남기거나, 먹고 싶었던 요리를 배불리 먹지도 못하고 식사를 마치게 된다.

우선 천천히 뷔페식당 전체를 한번 돌아 본다. 오늘은 어떤 음식이 특별식인지 또 회는 싱싱한지, 맛있어 보이는 음식이 어떤 것인지, 어떤 음식이 더 먹음직스러워 보이는지 양은 충분한지, 음료수와 후식은 어느 코너에 있으며 또 어떤 종류가 있는지.

이렇게 천천히 한 바퀴 돌고 나서 음식을 담기 시작하면 내가 좋아하고 또 맛있는 것들만을 골라 내가 먹을 수 있는 양만큼 담아 와서 맛있는 식사를 할 수 있게 되고 과식을 하지 않아 소화도 잘된다.

여럿이 둘러앉아 먹다보면 꼭 이런 사람이 있다. '어? 그런 음식도 있었나? 그거 어디 있었어요? 에이 괜히 맛없는 것으로 배 채웠네'

– 어? 그런 내용이 책에 있었나? 그거 무슨 책이에요? 라고 묻는 사람과 똑같다

맛난 것만 골라 편식을 하자는 말이 아니다. 불과 한 시간 남짓의 식사를 하는 데도 이렇게 '목차'를 한번 훑으면 보다 즐겁고 맛있는 효과적인 식사가 된다는 것이다.

책의 목차를 한번 훑는 데는 채 5분이 걸리지 않지만, 그럼으로써 현재 내가 이 책의 어느 부분을 읽고 있는지 확인이 된다. 마치 고속도로를 달리며 내가 어디쯤 와 있는 것이며 어느 구간에서는 속도를 내고 또 어느 구간에서는 조심조심 서행을 하여야 되는지를 확인하는 것처럼.

이 5분의 투자가 목적지로 인도할 결정적인 역할을 하리라는 것을 의심하지 말고..

– 5분 투자해서 5시간 공부한 효과가 난다면 속는 셈치고 한 번 해 볼만하지 않은가

나. 이제 한권의 책을 30분 만에 읽어보자

이렇게 1,2회 정독이 되어가면 가끔은 그 책 한 권을 들고 산책도 할 겸 뒷동산이나 공원벤치에 놀러가서 가벼운 마음으로 목차만을 넘기며 그 목차에 해당하는 곳에 무슨 내용이 있었는지 기억을 더듬어본다.

기억이 나지 않는다고 해서 조바심 낼 것도 없고 책을 뒤져가며 확인해 볼 필요도 없다. 그렇게 일일이 확인하다가는 또 많은 시간을 보내게 되고 책장도 넘어가지 않는다. 이 작업은 책 내용을 다 알려고 하기 위한 것이 아니니까. 기억나면 나는 대로 기억이 안 나면 안 나는 대로 꾹 참고 끝까지 해보기 바란다. 그러면 내가 취약한 부분이 어디인지 확인을 하게 된다. 이 작업을 하는 데는 불과 삼십분도 채 걸리지 않지만 이러한 작업을 수차례 거치며 사진찍기의 50%가 완성되어간다.

실제로 나는 목차를 따로 떼어내어 갖고 다니며 수시로 보곤 했다. 그래서 지금도 보관하고 있는 수험서에는 목차가 제대로 붙어있는 것이 하나도 없다.

다. 이제 한권의 책을 3시간 만에 읽어보는 연습을 해보자

다시 책을 공부하다가 주말이나 일요일 등 비교적 마음이 홀가분한 시간이 되면, 다시 이 책을 꺼내어 들고 이번에는 책장을 5초만에 넘기면서 내용을 확인하여 본다. 세세한 부분까지 확인하려 하지 말고 그 페이지에서 가장 중요한 내용 한 두 가지 만을 확인하면서…

꾹 참고 끝페이지까지 책장을 넘겨보기 바란다. 모르는 혹은 기억나지 않는 페이지라고 그 자리에서 머리를 싸매고 공부하지 않기 바란다.

오늘은 그러려고 하는 것이 아니니까.

단 이때 중요한 것은 각 페이지를 따로 적어둔다던가 접어놓는다던가 해서 표시를 하여 놓고, 나중에 그 페이지들만을 따로 공부한다. 아주 열심히…

이렇게 공부를 하게 되면 점차 내 머리속에 자연스럽게 과목 전체의 순서가 시야에 들어오고 내가 아는 혹은 모르는 부분이 확연히 구분이 되며 책 내용이 내 머리 속에 편집되기 시작하고 결국은 사진이 찍히게 되는 것이다.

반드시 이렇게 공부해야만 하는 데는 그 이유가 있다.

시험이 다가올수록 전 과목을 빠른 속도로 돌릴 수 있어야 하며, 그 지루하고 힘들었던 모든 공부의 목적은 시험 전 하루이틀사이에 전 과목을 돌릴 수 있는 능력을 쌓기 위한 것이기 때문이다.

2. 잠들기 전, 책 덮기 전 5분만 투자하자

'馬上(마상), 枕上(침상), 便上(변상)'이라는 말이 있다.

말 그대로 '말 위', '배게 위', '변기 위' 이고, 요즈음 말로 하면 '자동차 안', '침대 위', '화장실 변기 위'쯤이 되겠다. 사람이 생활하는 장소 중 바로 이곳이 사람의 사유능력이 최대한으로 발휘되고 또 뛰어난 아이디어가 만들어지는 곳이라고 한다.

실제로 나폴레옹은 말을 타면서 많은 작전구상을 하고 독서도 하였다고 하며, 화장실에 가면서 꼭 책이나 신문을 가져가는 사람들이 있는데, 그 사람들이 모두 변비 환자라서 그런 것은 아니며, 또 어떤 집에 놀러 가면 화장실 변기위에 책이나 잡지가 놓여있는 것을 볼 수 있는데, 참으로 시간을 잘 활용하는 사람들이다.

나 역시 이 책 내용의 대부분은 이동 중인 자동차 안에서 생각나는 단상들을 정리한 것이라고 해도 과언은 아니다.

공부를 하는 학생이라면 위 세 가지 중 한가지쯤은 꼭 실천해 보았으면 한다.

잘 외워지지 않는 단어들만 골라 놓았다가 차 타는 시간이나, 잠자기 바로 전 침대 맡에서, 또는 화장실에서 외워보자.

잠자기 전 조용히 눈을 감고 오늘 하루 공부한 내용을 머릿속으로 그려보자.

온종일 공부한 내용을 더듬어 보지만, 그 시간을 재어보면 놀랍게도 채 5분이 되지 않는다.

실망하지 말자. 그게 바로 공부다.

하루 종일 공부한 내용 중 잠에 들기 전 정리되는 5분 어치의 분량이 오롯이 내 것인 것이고, 그것만이 나중에 점수로 연결된다.

나머지는 다음에 또 반복을 해야 내 것이 되는 것이다.

습관화시키기 어려운 일이지만 이 5분의 시간을 갖는 것이 5시간 더 공부하는 것보다 훨씬 더 실력을 향상시켜준다.

한 시간, 한 챕터, 한 과목을 공부하고 마칠 때에도 같은 방법을 이용해보자. 공부를 마치기 10분전에는 더 이상 진도 나갈 욕심을 부리지 말고 책을 덮은 후 조용히 눈을 감고 이전까지 공부한 것을 머릿속으로 한 번 쭉 훑어보자. 그 10분 동안 정리한 내용이 바로 그 시간에 공부하여 내 것이 되는 엑기스들이다. 매일 투자하는 이 10분이 10시간 공부하는 것보다 더 효과가 있다.

'병력도 같고, 무기도 같고, 지휘관의 능력도 같다면 어떤 군대가 승리하겠는가'라는 프랑스포병사관학교 입시문제의 수석답안은 나폴레옹이 낸 답안지였다.

'최후의 5분을 버티는 군대'

말은 쉬우나 매일 실천하기는 결코 쉽지 않다.

누구나 95%까지는 한다. 그러나 성공하는 사람은 나머지 마지막 5%를 채우는 사람이다.

일등이나 꼴등이나 책상에 앉아 있는 시간은 같다.

그러나, 일등과 꼴등의 차이는 그것을 내 것으로 만드느냐 아니냐의 문제인 것이다.

– 아들아, 공부시간을 늘리기 보다는 내 것을 만드는데 더 신경 쓰렴. 까짓거, 아빠한테 속는 셈 치고 한 달만 매일 5분씩 투자해봐.

3. 한과목만이도 일등을 해 봐라 – 공부가 재밌어진다

　나도 세 아이의 아빠지만, 결코 아이들에게 공부를 열심히 또는 잘 하라고 해본 적도 없고, 세 녀석의 성적이 들쭉 날쭉 하지만 어느 녀석에게도 시험을 친 날 '시험 잘 봤냐?'고 물어 본 적이 단 한 번도 없다. 대신 '수고했다'라는 말만 건넸다.

　그런 내가 아이들에게 공부에 관하여 강요(?)하는 것이 하나 있다. 어느 과목이건 좋으니 한 과목쯤은 반에서 일등을 해보라고.

　인생을 살면서 모든 일을 다 잘하기란 불가능한 것이며, 또 공부를 하면서 모든 과목을 다 잘하기란 참으로 어려운 일이지만, 한 가지를 잘하는 것이 그렇게 아주 어려운 것은 아니다. 하느님이 모든 인간에게 적어도 한 가지 재주는 주셨기 때문이다.

　사람이 어느 한 분야에서 성공하게 되면 다른 일에서도 성공하기가 그리 어려운 것만은 아니다. 왜냐하면 그는 성공하는 법을 깨우쳤기 때문이다. 따라서 그가 다른 분야로 진출을 한다고 해도 이전에 성공한 분야에서 한 것처럼 똑같이 하면 성공할 수 있다는 확신과 자신감이 있기 때문에 추진력이 생기고 결국은 또 한 번의 성공으로 이어지기 마련이다.

고기도 먹어 본 놈이 먹는다고 했다.
정상에 올라본 자만이 에베레스트 16좌를 오를 수 있는 것이며,
금메달을 따본 사람만이 3관왕 4관왕을 할 수 있는 것이고,
한 과목만이라도 잘 하는 능력을 키우면, 나머지 과목에 도전하는 것은 이제 시간문제인 것이기 때문이다.

가수 조영남씨는 노래만 잘 하는 것이 아니고, 그림도 잘 그리고 글도 잘 쓴다.
가수 김태원씨는 작곡만 잘하는 것이 아니라 방송도 잘 한다.
안철수씨는 의사에 기업가에 대학 교수까지 모두 성공했다.
이들 모두 내가 존경하는 사람들이다.
그들이 모든 것을 다 잘하는 천재라서 존경하는 것이 아니라 한 가지 분야에서 성공한 추진력으로 다른 분야에 도전해 성공을 이루어냈기

때문이다.

분야는 다르지만 그들의 공통점은 모두 같다.
자기 분야에서 정상에 서 보았기 때문에, 정상에 오르는 방법을 알게 되었고 그에 그치지 않고 다른 분야에 도전하여 또다시 정상에 올랐기 때문이다.

공부도 마찬가지이다.
한 과목만이라도 내가 반에서 일등을 한다는 것은, 정상에 서는 방법을 깨달았다는 것임과 동시에 정상에 서는 희열을 맛본다는 것이며 또 그렇게 되면, 자신감을 갖게 되어 엄청난 추진력이 생긴다는 것이다.

자신감이 없다는 것은 확신이 없다는 말과 같다.
확신이 있게 되면 자신감이 생기는 것이며, 확신은 반복된 경험에서 비롯되는 것이다.

- 아들아, 음악도 좋고 체육도 좋고 생물도 좋다. 아무것이라도

좋다. 한과목만이라도 일등을 해 보렴.

4. 한과목 일등하기 – 영어 문법 한 달에 끝내는 법

　물고기도 다니는 길목을 알아야 많이 잡을 수 있고, 각 과목도 집히는 맥을 알아야 공부하는 방법도 알게 되고 이것이 바로 성적으로 이어진다.

　예컨대, 역사를 공부하려면 우선 역사를 배우는 이유를 알아야만 하며, 무엇이 역사에서 중요한지를 알아야 한다. 역사에서 중요한 것은 바로 '역사적 사건'인데, 그 사건이 필연적으로 일어날 수밖에 없었던 시대적 배경이 있으며, 그 사건으로 말미암아 시대적으로 혹은 사회적, 정치적으로 변화를 가져온 것이 바로 '역사적 사건'이 되는 것이고(그렇기 때문에 같은 사실이라고 하여도 명성황후의 죽음은 역사적 사건이 되지만 이순신장군의 죽음은 역사적 사건이 되지 못하는 것이다), 그것이 갖는 의미가 클수록 중요한 것이고 바로 이런 것을 중점적으로 공부해야 하고 그래야만 실력이 느는 것이다.

　수학은 논리력과 추리력을 키우는 것이 목적인 과목인데, 이것을 잘하려면 주어진 논리의 전제조건을 정확히 파악하여야만 한다. 예컨대 x값의 범위를 정확이 인식하고 있어야만 y의 값을 도출해 낼 수 있듯이.

그런데, 영어만큼은 도대체 방법이 없는데 그건 영어가 언어이기 때문이다.

언어는 논리적으로 발생된 것이 아니라 사회적 약속에 따라 오랜 기간 동안 습관적으로 사용되어온 것이기 때문에, 습관적으로 공부할 수밖에는 없다.

중학교 2학년때 영어담당 선생님은 항상 왼손에 드럼 채를 갖고 다니셨던 이유로 별명은 '김도끼'였고, 그 선생님이 가르쳐주시는 것이란 오로지 첫 시간에 본문을 한 번 읽고 해석해주시고는 그 다음시간부터는 무작위로 아이들 번호를 불러댔다. 지목된 아이는 무조건 첫페이지부터 암송을 해 내려가야 되고 중간에 틀리면 무조건 도끼(드럼채)로 머리통을 맞기 일쑤였다.

나도 도끼가 무서워 교과서 본문을 달달 외워야만 했고, 그 덕분에 고등학교 졸업할 때까지 교과서 본문을 외우는 버릇이 생겼고, 교과서를 외우게되자 영어시험은 도대체 두렵지가 않았다.

   요즈음은 어려서부터 원어민으로부터 강의도 듣고 또 접할 기회가 많아져서 외국어를 습득하는 데 많은 장점이 있다. 더구나 언어는 습관이니, 되도록 원어민의 발음을 많이 접하며 대화해 보는 것이 좋다. 또 그런 아이들이 수능 고사에서 듣기 문제에도 좋은 성적을 받는 것도 사실이다.

   그런데, 문법문제만큼은 그렇지 않은 듯하다.
   어떤 학생들은 고등학교 3학년인데도 영어문법이 약하다며 강의를 듣고 학원을 다닌다고 난리 법석이다. 그 바쁜 시간에.
   그런데, 문법은 과학이나 수학처럼 어떤 기초명제 혹은 기초이론을 바탕으로 발전시킨 것이 아니라 수천 년을 두고 이어져 내려온 언어습관을 정리한 것이기 때문에 논리적으로 접근하여서는 절대로 마스터 할 수가 없다.

   말이 나온 김에 문법을 가장 빠르고 쉽게 마스터하는 방법을 소개해

본다.

우선 문법책을 가장 얇은 것으로 한 권 장만한다. 절대로 두꺼워서는 안된다.

그리고는 첫페이지부터 공부를 하지 말고 매 단원마다 예문으로 나온 것을 프린트한다. 여러 권을 복사해 한권은 화장실에, 한권은 침대 머리맡에, 한권은 거실 소파위에 놓아두고 시간 날 때마다 틈틈이 외운다.

그러면 아마 200개 내지 300정도의 단문이 될 것인데, 이것을 무턱대고 외우기 시작한다. 입에 익을 정도로. 문법책에 나오는 예문은 중요기능을 하는 단어만을 배열한 문장이기 때문에 군더더기 없이 짧고 간단하다.

- 여기서 또 망설인다. 200문장을 언제 외우나. 그건 당신같은 사람이니까 그렇게 쉽게 말하는 거라고.

아니다. 절대 아니다.

우리글을 배운 적 없는 돌 지난 아이도 200문장 정도는 한다.

영어 배운지가 벌써 몇 년인가.

속는 셈 치고

꾹 참고 반복해보자.

아마 한 달 두 달 정도만 이렇게 시간을 투자하면 입과 귀에 익을 것이다.

이렇게 예문을 입에 익히고 문법책을 보기 시작하면 놀랍게도 문법의 내용이 하나도 어렵지 않음은 물론 이해가기도 훨씬 쉬운 것이다.

'to 부정사'의 예를 하나 들어보자.

무턱대고 문법책의 내용을 공부하기 시작하면 외울 것이 너무나도 많고 이해하기도 힘들다. 또 이해를 한다고 해도 써먹지도 못한다.

그런데, 중학교 1학년 영어책에 나오는 "I'm glad to meet you."라는 문장은, 실은 'to 부정사'의 부사적 용법으로 쓰인 대표적 문장이다. 단지 중1때 문법을 배우지 않은 까닭에 아무 의문없이 그냥 지나쳐버린 것뿐이다. "I'm glad to meet you."라는 'to 부정사'의 대표문장이 머릿속에 들어와 있으면 이제 문법은 끝난 것이나 다름없다.

주어 + 술어 + to + 동사원형 이라는 공식을 외우는 것이 아니라

거꾸로, 내가 익힌 "I'm glad to meet you."라는 문장을 문법적으로 분해만 하면 된다. 마치 인수분해 하듯이.

형용사의 순서는 "지시 + 수량 + 신구 + 재료 + 색깔"의 순서로 나열해야한다는 문법사항을 언제 외우고 내 것으로 만드나.

단지 "There are those two old stone blue houses'라는 대표문장 하나를 외우기만 해놓으면, 이제 문법적인 원칙은 위 문장을 문법적으로 분석해내기만 하면 끝나는 것이다.

those(지시) + two(수량) + old(신구) + stone(재료) + blue(색깔) houses

이렇게 문법공부를 하면 기초가 아주 단단해지고, 어지간한 문법문제가 나와도 잘 틀리지 않는다. 문법적으로 분석한 연후에 틀린 문장을 골라내는 것이 아니라, 내 입에 혹은 내 귀에 거슬리는 문장은 바로 문법적으로 틀린 문장임을 쉽게 판단해 낼 수 있게 되는 것이다.

난 사법시험에서 제2외국어를 중국어로 선택하였는데, 이와 같은 방법을 사용하여 기초적인 문법을 단 3달만에 해치웠다. 절대로 내가 머리가 좋아서가 아니다. 목표를 세우고 내가 정한 방법에 확신을 가지고 밀어붙인 결과이다.

5. 공부와 관련된 취미를 가져 보라 – 노는게 공부가 된다

세상에서 제일 행복한 사람은 자기가 하고 싶은 일을 하는 사람들이며, 그보다 더 행복한 사람은 자기가 하고 싶은 일을 하면서 돈도 벌고 명예도 얻는 그런 사람들이다.

세상에서 제일 행복한 수험생은 아마도 자기가 하고 싶은 것을 하면서 성적도 잘 나오는 수험생일게다.

모든 과목을 그렇게 만들기란 불가능에 가깝지만, 좀 더 궁리를 해 보면 그리 어려운 일도 아니다.

모든 사람에게 한가지 재주가 있듯이, 아무리 재미없는 공부라고 하더라도 한 과목쯤은 내가 좋아하는 과목이 있게 마련이다.

내가 좋아하는 과목과 관련된 취미를 찾게 되면, 이제 그 과목은 공부가 아니라 취미이고 놀이가 된다.

예컨대,

역사를 좋아한다면 틈틈이 박물관을 찾기도 하고 유적지도 찾아보고 역사소설도 읽어 본다.

　기술을 좋아한다면 틈틈이 망가진 TV도 뜯어보고 고장난 컴퓨터도 분해해보자.

　바쁜 시간에 무슨 귀신 씨나락 까먹는 한가한 소리냐고 하겠지만, 그건 절대로 아까운 시간이 아니다.

　공부란 책상에 앉아서만 하는 것이 아니다. 날줄 씨줄이 얽혀 옷감이 되듯이, 공부도 머리와 가슴이 만나야 성공하는 것이다.

　'열심히 하는 놈'이 '좋아서 하는 놈'을 못 이긴다고 하지 않았는가.

　중학교때부터 팝송을 즐겨 들었다. 도대체 뜻도 모르는 가사를 따라 부르며 흥얼대며 나 혼자 즐거워했다. 귀에 이어폰을 낀 채 노래를 따라 부르고 다리도 흔들거리며 책상에 앉아 있기 일쑤였다. 아마도 우리 부모님은 그런 내가 분명 못마땅 하셨겠지만 한 번도 주의를 주신 적이 없다.

　특히 '올리비아 뉴튼존'이라는 여가수(아마 지금으로 치자면 '소녀시대' 정도 일까)의 노래를 즐겨 따라 불렀는데, 내가 따라 부르는 노래가 도대체 무슨 뜻의 가사인지 알고 싶어 열심히 가사를 번역해 보고 우리

말로 개사를 해보기도 했다.

　자연히 영어를 열심히 하게 되고 그 덕분에 영어 실력이 향상되었음은 물론, '플레이보이(playboy라는 성인잡지)'에 실린 기사내용을 묻는 녀석들 덕분에 공짜로 눈요기도 하는 짤짤한 부수입(?)도 올렸으며, 고등학교 시절에는 폼나게 영어소설을 끼고 다니기도 했다. 대학 입시에서는 문법문제를 묻는 지문에 팝송구절이 서너개 나왔던 것으로 기억되고, 그 덕분에 단 일초도 머뭇거리지 않고 정답을 골라냈던 기억이 생생하다.

　영어 다음으로 좋아했던 과목이 국사였는데, 고등학교 3학년때도 '왕비열전'(조선왕조실록과 같은 정사가 아니라 궁궐내, 그것도 중전에서 일어나는 일을 중심으로 기록한 야사) 20권짜리를 두 번이나 읽었다. 너무 재미있어서.

　그런데, 뜻밖에도 왕비열전 20권이 국사를 이해하고 암기하는데 많은 도움이 되었고, 실제로 입시문제에 문제를 해결할 수 있는 힌트가 되어 쉽게 한 문제를 더 맞출 수 있었다.

- 아들아, 너도 네가 좋아하는 과목과 관련된 취미를 가져보렴.

　아빠가 술값 아껴서라도 지원해줄게.

6. 미역국을 끓여보자 – 시험장엔 말린 미역을 가져가라

공부와 시험이야기 하다가, 재수없이 무슨 미역국타령이냐고 하겠지만, 한그릇의 미역국도 우리에게 지혜를 준다.

미역국을 끓이려고 냄비에 물을 가득 붓고 말린 미역을 반쯤 넣어두고는 미역이 불은 다음에 끓이려고 부엌에 갔다가는 질겁을 하게 되고 만다. 미역이 적당히 불은 정도가 아니라 불어 넘쳐 버렸기 때문이다.
아마 원래의 양보다 5배 정도는 불어났으리라.

공부도 '미역국 끓이기'와 다를 바 없다.
미역국을 한 솥 끓이기 위해서는 그 만큼 많은 양의 미역이 필요한 것은 아니다. 잘 말린 미역일수록 미역국에 필요한 양이 그만큼 줄어든다.
물만 부으면 언제든 원래의 부피대로, 내가 원하는 양만큼으로 늘어나기 때문이다.
잘 말린 미역만 있으면 100인분의 미역국을 끓여내는 것도 결코 어려운 일은 아니다.

시험장에도 역시 말린 미역을 가지고 가야한다.

시험을 치르기 위해 수년간 공부한 양을 따지면 엄청나지만 그 많은 양을 모두 다 원래 그대로의 모습으로 수험장에 담아갈 수는 없다.

미역을 말리듯이 양을 줄여야 한다.

핵심을 정리해서 바짝 말려가야 하는 것이다.

핵심을 미역처럼 바짝 말려 그 양도 줄이고 무게도 줄여서 가지고 가야만 한다.

새로운 내용을 배울 때 마다 그때그때 미역 말리듯, 핵심만을 정리하여 바짝 말려 머릿속에 보관해 놓아야만 한다.

그랬다가 시험장에 가서 문제를 대하면 바로 말린 미역을 조금씩 물에 불리기만 하면 되는 것이다.

7. 영어 '공부' 하기 – 언어는 공부하는 것이 아니라 경험하는 것이다

과목이 다섯 개라고 해서 공부시간을 똑같이 다섯 개로 나누어서는 안된다. 적은 시간에 습득할 수 있는 과목이 있는가하면 많은 시간을 들여야만 습득이 되는 과목이 있는데 아마 그 대표적인 과목이 어학일 것이다.

언어는 그야말로 습관이기 때문에, 습관처럼 익혀야만 하는데 그래서 더더욱 다른 과목보다 많은 시간과 노력을 요하기도 하며 투자한 시간에 비해 성적이 잘 오르지도 않는다. 어릴 적부터 외국어공부를 시작하고 또 원어민의 발음을 많이 듣는 기회를 가지려고 하는 이유가 다 여기에 있는 것 같다. 조기교육도 좋지만 단, '싫증나게 하는' 함정에 빠뜨려서는 안된다.

나도 잘은 못하지만 가끔 막내녀석과 둘이서만 다닐 때면 되지도 않는 영어로 대화하려고 노력한다.

– 틀리거나 말거나.

지나가던 사람들이 쳐다보기도 한다.

– 보거나 말거나.

여튼 영어공부에는 많은 시간을 투자해야하고, 또 공부한 만큼 효과도 나지 않는다. 그렇기 때문에 역설적으로 영어를 따로 시간 내어 '공부'해서는 안된다. 습관을 들여야만 하며 또 습관들이는 법을 배워야만 한다. 나름 재미있게.

만일 어린아이에게 영어소설을 읽히고 싶다면 들도 보지도 못한 이야기책을 줄 것이 아니라, 아이가 그 내용을 익히 알고 있는 영어소설을 읽게 해야 한다. '콩쥐팥쥐'나 '흥부와 놀부' 같은. 그래야 읽기도 편해지고 재미있어 지며 영어에 싫증을 내지 않게 되는 것이다.

고등학교시절 아침에 집을 나설 때 영자신문인 'KOREA TIMES'라는 영자신문을 들고 나와 학교에 가는 버스 안에서 혹은 쉬는 시간에 들여다보곤 하였다. 그것도 사전을 뒤적이지도 않고 폼나게.

영문을 모르는 사람들은 내가 영자신문을 줄줄 읽어내려 갈 만큼 영어에 고수인줄 알겠지만 천만의 말씀이다. 내용을 아는 부분만 그냥 보는 거다.

아침에 일어나 화장실에 갈 때 혹은 밥을 먹으며 조간신문을 읽는다. 그리고는 아침에 그 자매지인 영자신문을 들고 집을 나서는 거다.

바로 그 조간신문을 찍은 신문사에서 발행하는 영자신문이기에 단지 한글과 영어라는 차이점만이 있을 뿐, 편집이나 내용은 모두 같다. 기사가 실린 위치까지.

그러니, 단어를 몰라도 내용을 다 알 수밖에. 사전을 일일이 찾지 않아도 그 단어가 무슨 뜻인지 대충 알게 된다. 그러니 남들이 보기에는 영자신문을 줄줄 읽어 내려가는 영어천재로 보일 밖에.

사전을 뒤적이고 문법도 확인하며 영자신문을 보았다가는 두시간에 한페이지도 읽지 못한다. 그렇지만 매일 이렇게라도 영자신문을 대충 훑게 되면 많은 공부가 된다.

대개 신문에는 나오는 단어가 계속해서 나오기 때문에 따로 단어를 외울 필요가 없다. '단어'와 '사건'이 동시에 기억되기 때문에 기억 또한 오래가는 것이다.

갓 돌 지난 아기가 엄마아빠 말을 대충이라도 알아들으며 따라하는 것은 한글을 공부해서가 아니라, '상황'과 그 상황에 맞는 '언어'를 반복해서 경험했기 때문이다.

언어는 공부하는 것이 아니라 경험하는 것이다.

만일 오늘도 영어 때문에 골머리를 앓고 있다면, 내가 가장 재미있게 읽은 책의 번역본을 한권 골라 심심할 때마다 그 책을 읽어본다. 사전도 뒤지지 말고 문법책도 덮어 놓은 채.
다섯 번만 읽자.
그 책에 나오는 단어며 숙어들이 다 내 것이 된다.
거짓말처럼.

8. 필요한 것은 즉시 외운다

공부를 하다보면 반드시 외워야 할 부분이 생긴다. 그럴 때면 '나중에 외우지 뭐', 라거나 '시험 때 외우지 뭐'라고 하면서 넘겨버린다.

물론 나중에 시험에 임박하여 외우기도 하며 득점에 성공하지만, 결코 '내 것'은 아니다. 시험에 임박해 외운 것은 시험이 지나가면 바로 잊어버리기 때문이다.

외운다는 것이 결코 재미있지도 않은 힘든 과정이기도 하지만, 이는 외우는 방법을 모르기 때문이기도 하다.

어릴 적부터 나만의 방법으로 외우는 습관을 들여야 한다.

앞글자만을 따서 외우는 방법도 있고 축약시키는 법도 있으며, 연상법(聯想法)도 있다.

중학교 때 생물을 공부하다보면 식물의 필수 10대영양소가 있는데, C(탄소), H(수소), O(산소), N(질소), S(황), P(인), K(칼륨), Ca(칼슘) Mg(마그네슘), Fe(철)이다.

그래서 그냥 이렇게 외웠다.

'촌스프크카마페'

무슨 말인고 하니, 'CHONSPKCaMaFe'를 그냥 발음 나는 대로 한글식으로 외운 것이다.

　- 이건 축약법이다.

국사교과서에 보면(요즘은 국사도 선택이라지만), 조선시대에 유명한 동시대의 화가가 세 사람 있었는데, 대나무를 잘 그린 '이 정', 포도를 잘 그린 '황집중', 매화를 잘 그린 '어몽룡'이 나온다. 이걸 그냥 외웠다가는 헷갈리고 만다.

그래서 이건 이렇게 외웠다.

대나무는 바른 것이니 '이 正', 포도는 송이가 집중되어 있으니 '황집중', 매화(어사화)를 썼으니 '이몽룡(이몽룡이면 어떻고 어몽룡이면 어떤가)'

　- 이건 연상법이다.

어떤 단어와 관련된 연상을 하여 놓으면 암기하기가 쉬워지는데 이런 연상법도 바로 '사진찍기'의 한 방법인 것이다.

앞에 든 예는 내가 어릴 적, 요건 반드시 외워야겠다는 궁리 끝에 외운 방법인데 50년은 나이에도 이렇게 아직도 이렇게 기억하는 것을 보면 효과가 좋긴 한 것 같다.

이런 암기방법은 누가 가르쳐준다고 해서 될 일도 아니고 또 효과도 그렇게 크지 않다. 남의 것이기 때문이다.

어떤 '사건'을 '내가 경험'한 시각으로 보아야 연상되고 기억되는 것인데, 자꾸 하려고 궁리하다 보면 자연스럽게 그런 쪽으로 능력이 발달하며 길이 보이게 된다.

축구만 생각하다 보니 박지성 선수처럼 된 것이고, 웃기는 것만 생각하다보니 코미디언 김병만이 된 것처럼, 외울 궁리를 하면 좋은 방법이 생각나는 것이다.

공부는 산을 오르는 것과 같다

1. 능력에 맞춰 한 걸음씩 천천히

처음 산행을 시작할 때는 즐거운 마음으로 이야기도 나누어 가며 길을 걷기 시작하지만 5부 능선쯤 가면 계곡이 나타나기 시작하고 그러다가 급경사도 만나게 되고 다리가 아프기 시작한다. 그러다가 8부 능선쯤 가면 체력도 거의 바닥이 나지만 그래도 밑을 내려다보면 저 멀리 발아래 동네 마을이며 굽이치는 강이 눈에 들어온다. 그래서 그 정도에서 만족을 하고 가져온 도시락을 까먹고 자연을 만끽하다가 하산하게 되는 경우도 있다.

그런데 예서 그치지 않고 마저 산을 오르려면 한걸음 한걸음이 여기까지 올라오면서 들였던 체력의 배가 소모되며 숨도 더 가빠진다.

실제로 에베레스트는 정상을 불과 200여 미터를 남기고, 정상공격을 위하여 하루 숙영을 하기도 하고, 그 200미터를 오르는데 하루가 다 걸리기도 하며, 그 200미터를 오르지 못하여 1년간의 준비를 수포로 돌리고 다음기회를 노리기도 한다.

산은 정상에 가까워지면 가까워질수록 더 많은 체력과 시간을 요하게 되는 것이며, 이제 믿을 사람이라고는 나 자신 밖에는 없는 것이다.

공부도 마찬가지이다. 50점수준에서 70점을 맞기 위한 공부보다는, 90점수준에서 2,3점을 올리기 위한 공부가 훨씬 더 숨이 차고 많은 시간을 요하게 된다.

지금 나의 성적과 실력을 냉정하게 판단하자.

나는 지금 70점 수준에서 80점수준으로 올리는, 또는 60점 수준에서 70점으로 올리는 공부를 하여야 하는 것인지 아닌지.

세계를 제패한 우리의 프리마돈나.

김연아가 내 동생이라면, 내 누나라면, 내 딸이라면 얼마나 좋을까. 김연아 선수의 경기를 보다보면 탄성과 환호성이 절로 나온다. 그러다 그 환호성은 트리플악셀점프에 이르게 되면 절정에 이른다.

당연히 전광판에는 세계최고의 점수가 반짝이고 있다.

그러나, 그 점수는 최고난이도의 트리플악셀점프에 대한 점수가 아니다. 트리플악셀점프 점수에 다른 점수가 보태어져 최고의 점수가 되는 것뿐이다.

피규어스케이팅에는 많은 기술 점수가 있다.

아주 기본적인 기술로 인하여 얻는 점수, 중간난이도의 기술에 해당하는 점수, 트리플악셀점프와 같은 고난이도의 기술에 대하여 추가되는 점수. 아주 기본적인 기술부터 최고난이도까지 모든 기술을 연기하여야만 그 점수가 합계가 되어 총점이 되는 것이다.

세계 피겨 스케이팅의 김연아라고 해서 이 모든 기술을 동시에 연마하였겠는가.

아주 어렸을 적부터 아주 기본적인 기술부터 익혔으리라.

무릎이 휘어져라 스핀 연습을 하였을 것이고, 스핀 연습이 완성에 이르렀을 때 더블악셀의 연습을 시작하였을 것이고, 더블악셀이 완성되어 갈 때 트리플악셀점프를 시도하였으리라.

김연아처럼 되고 싶은 사람.
박지성처럼 되고 싶은 사람.
그대로 되고 싶은 사람은 많은데,
정작 그 길을 따라가는 사람은 드물다.

2. 배우고 늘 익히면 즐거워진다

　모르는 것을 배우는 것만으로는 절대 즐겁지 아니하고 즐거워질 일도 없다.

　'學以時習之 不亦悅好' (학이시습지 불역열호)
　'배우고 때로 익히면 즐겁지 아니한가'라고 흔히 해석하나 이는 잘못된 해석이다.
　많은 사람들이 '때 時'자 라는 이유로, '때로 익히면'이라고 해석하였으나, 공자님이 그렇게 말하지는 않았다.
　공자님 말씀에 '시중(時中)'이라는 말씀이 있는데, 바로 '늘 중용을 취하라'는 가르침인 것이다.

　배우고 **늘** 익혀야 즐거운 것이다.

　배운 것을 '늘 익히는 것'이 제대로 된 학습이 되고, 그 학습된 것을 써먹을 수 있어야 비로소 즐거워지는 것이다.

써먹지도 못하는 배움이 무슨 소용이며 또 무슨 즐거움을 주겠는가.
그래서 배운 것을 써먹으려면(성적을 높이려면) 늘 익혀야만 한다.

배울 學, 익힐 習
배우고 익히는 것
그게 바로 학습이다.

시험점수란 무엇인가. 바로 학습된 것에 대한 보상이며, 사람은 그 보상을 받으려고 노고를 마다하지 않는 것이다. 배우고 익힌 것을 발판으로 시험장에서 잘 써먹어야 비로소 학습이 즐거워지는 것이다.

공부를 '學'과 '習'이라고 했듯이, 공부에 있어서 학과 습은 적어도 50 대 50의 비율은 되어야만 한다.
그런데, 요즘 아이들이 공부하는 모습을 보고 있노라면 學(학)은 많은데 習(습)이 절대적으로 모자란다.
학교 수업이 끝나면 학원으로, 과외공부방으로 달려가 '학'을 늘리기에 정신이 없다. 그렇다면 '습'은 언제 하는가.

아무리 생각해봐도 도대체 '습'할 시간이 나지 않는다.

모름지기 습을 늘려야 한다. '습'이 되지 않는 '학'은 도로아미타불이며, 써먹을 수도 없다.

혼자서는 '습'이 되지 않는다면 학교나 학원에서 보내는 시간을 '습' 하는 시간으로 만들어야 한다. '학'보다는 '습'을 위주로 하는 학원이나 과외를 선택해 보자.

그래야만 비로소 배운 것을 익힌 것이 되며, 그 지식을 즐거움으로 느낄 수 있는 날이 온다.

3. 너무 과다한 선행학습은 독이 된다

건물을 높게 쌓으려면 기초부터 단단히 다져야 한다.

10층자리 건물을 지을 것인지, 100층자리 건물을 지을 것이지.

어느 정도 높이의 빌딩이 될 것인지는 이미 기초공사를 하면서 결정되어 진다.

아무리 공사가 급하다고 해도 기초공사와 20층 공사를 동시에 할 수는 없는 노릇이다.

기초공사를 단단히 해야 2층을 올리고, 2층이 단단하게 공사되어야 3층을 올릴 수 있다.

그런데, 요즘 학생들을 보면 적어도 2,3 년 정도의 선행학습은 해놓아야 직성이 풀리는 것 같다

그래서 초등학생 때 중학교 과정을 미리 공부하고, 고등학교에 입학하기도 전에 미리 고등학교 전 과정을 선행하려고 한다.

너무 선행하다보니 그 학년에서 꼭 익히거나 체화시켜야 할 부분을 놓친 채 넘어가 버리기도 한다.

마치 2층 공사가 진행 중인데도 3층을 쌓는 것과 같이.

공부란 예습도 중요하지만 충분한 복습이 훨씬 더 효과적인 게임이며, 미리 다 배워놓는다고 해서 결코 내 것이 되는 것이 아니다.
배우고 열심히 익힌 것만이 내 것이 되는 것이다.
만일 그렇게만 된다면 뭐하러 학교며 학원에 다니는가.
한글 깨우치자마자 법전이나 달달 외우고 다니지…
그럼 판검사, 변호사는 될 것이 아닌가…

선행학습을 너무 과도하게 한 아이는 그 자체가 체질화되어서, 결국 결혼 전에 아이먼저 낳는 선행(先行)을 하며, 아직 죽지 않을 나이임에도 관에 먼저 들어가는 선행(先行)을 하게 된다.

- 과도한 독설이지만 한번쯤 되짚어 보기 바란다. 아들아.

4. 가장 좋은 과외 – 함께 공부하는 것

일요일 오전.

아내가 싸준 도시락을 들고 대치동으로 향하였다.

12시에 학원수강이 끝나면 아이를 픽업해서, 12시 반까지 반포에 있는 학원에서 내려주란다. 그리고는 이동 중에 차안에서 도시락을 먹게 하란다.

참으로 어이가 없다.

한창 성장기에 있는 우리 아들이 밥 먹고 쉴 틈도, 아니 쉴 틈은커녕 밥조차 먹을 시간도 없이 공부해야 한다니.

그렇게 먹은 밥을 체하지는 않을까, 아니면 식곤증에 혹 졸지는 않을까.

이런저런 걱정을 하다가 학원에 도착한다.

나 말고도 아이를 픽업하기 위해 길가에 차를 대놓고 담배피우는 아버지들을 발견하고는 흠칫 놀란다.

중학교 시절 아들이 가방을 싸매고 학원이라도 갈라치면 일요일에도 가야하는 그런 학원은 다니지 말라고, 공부는 스스로 하는 거라고 일침을 놓던 내가 아닌가.

일요일에도 공부하는 중학생은 부정경쟁방지법위반으로 처벌(?)해야 한다고 아내에게 우겨대던 내가 아닌가.

혹여 내가 그렇게 해서 고3이 된 아들이 지금 저런 고생을 하는 것은 아닐까.

순간 마음이 약해진다.

좁은 공간에서 쪼그려 밥을 먹는 아들을 보며 가슴 한구석이 아파온다. 밤늦은 시간까지 이 학원 저 학원을 들락거리며 밤을 지새워도 좀체 성적이 오르지 않는 자기 자신은 얼마나 답답하고 속이 탈까.

해주고 싶은 이야기는 산더미처럼 많으나 혹여 아이의 심사를 건드릴 것 같아 넌지시 한마디 한다.

'시험이 가까워 올수록 네 스스로 공부하는 시간이 많아져야 한다는 것은 알고 있지?'

'응'

듣는지 마는지 단답형의 답을 던지고는 이내 차에서 내려 뒷모습만

남기고는 휑하니 사라져 버린다.

사법연수원생 시절에 가정 형편상 종종 아르바이트로 과외를 하였다.

학기 초에 지인을 통하여 중학교 3학년 남학생을 소개받았다. 아버지는 지방대학 교수이고 어머니는 외국인회사의 중역으로 일하는 그런 집의 외아들. 그래서 아버지는 일주일에 한 번 주말이나 되어야 만나고 어머니는 일에 쫓겨 밤늦게나 돌아온다고 했다. 어머니는 솔직하게도 아이의 성적이 바닥권이라며 고등학교에라도 들어갈 수 있으면 좋겠다는 이야기를 하였다.

대부분의 어머니들이 과외를 맡길 때 자신들의 아이들을 '중상위권', 혹은 '중위권'이라고 말한다. 자식이 공부 못하는 것이 선생님에게도 쉬쉬하여야 할 비밀이라도 되는 것인지, 아니면 아들의 성적이 중위권을 유지하지 못하게 되면 책임이라도 지라는 이야기인지.

어쨌든 자식이 중상위권 혹은 중위권이라고 말하는 부모의 아이들은 만나보면 한 시간 안에 실력이 들통이 나게 마련이고, 병원에 가서 아픈 곳이 가사 부끄러운 곳이라도 솔직하게 다보이고 이야기하여야 처방이 되고 치료가 되는 것인데 우리네는 그렇게 솔직하지 못하다.

여튼 난 그 아이를 가르치기로 하였고, 그 대신 1년이라는 긴 시간이 남았으므로 내 방식대로 할 터이니 믿고 따라 주시라는 다짐을 받고 시작하였다.

당시는 통상 한 번에 90분에서 두 시간을 가르치는 것이 통례였는데, 세 시간을 하는 대신 아이 옆에서 내 공부를 하겠다고.

세 시간 동안 아이도 자기 공부를 하고 나도 내 공부를 하겠노라고.

공부를 하다가 모르는 것이 있으면 즉시 나에게 물어보게 하고, 나는 그 즉시 설명을 하여 주고 그런 방식으로 공부하겠노라고.

어머니께서는 흔쾌히 허락을 하셨고.

그래서 바로 서점으로 달려가 중학교 1,2학년의 교과서를 구입해 주었다. 우선 그것으로 공부하라고.

정말 어떤 경우는 초등학교 수학개념까지 다시 내려가서 설명을 하여주었다. 그렇게 설명이 끝나면 서로 따로 또 공부하고…

때론 일찍 가서 저녁도 함께 먹어주고 짬을 내어 함께 농구도 하고.

어머니가 많이 늦는 날에는 시간을 연장하여 같이 공부고 하고 TV도 같이 보았다.

아이도 처음에는 무척 힘들어 하였다.

스스로 공부하는 습관을 가지지 못했던 그 학생은 시작한지 채 30분이 못되어 하품을 하기도 하고, 아이스크림을 먹자고 나를 꾀기도 하였다.

어떤 날은 정말 세 시간 동안 계속해서 질문을 하기만 한 적도 있었다. 혼자 할 수 있는 것이 없었으니까.

그러다가 스스로 공부하는 시간이 아주 조금씩 조끔씩 늘어나더니 한해가 다 갈 무렵이 되어서는 과외시간의 80~90%의 시간을 혼자 공부하였다.

그 학생이 무난히 시험을 치루고 고등학교에 진학할 무렵 난 연수원 졸업시험을 치른다 개업준비를 한다며 바쁘게 보내었고 그러다가 그렇게 그 학생을 까맣게 잊게 되었다.

그리고 몇 년 후.

그 어머니로부터 소식을 들었다.

상위권 대학에 입학하여 졸업 후 보스턴으로 유학가서 그곳에서 석사학위를 받는 중이라는… 감사하다는 말과 함께.

– 오히려 제가 감사하지요.

공부를 오래 한다는 것과 열심히 한다는 것에는 하늘과 땅만큼의 차이가 있음에도 우리는 흔히 책상에 오래 앉아 있는 것을 두고 공부를 열심히 한다고 한다.

그러나 그건 말 그대로 공부를 오래 그리고 많이 하는 것이지 정말로 열심히 한다는 것과는 개념이 다르다.

공부를 잘하려면 좋은 선생님을 만나 공부하는 방법도 배우고 또 많은 지식을 습득하여야만 하는 것은 당연한 것이다. 인류 역사상 훌륭한 위인들 뒤에는 항상 뛰어난 스승이 있었으니, 오늘날에도 이는 변함이 없는 사실이다.

그러나, 그보다 중요한 것은 스스로 공부를 할 줄 아는 방법을 깨우치는 능력을 배양시켜 주는 일이다.

목마른 낙타를 물가에 데려갈 수 있어도, 물을 마시게 까진 할 수 없으며, 고기를 잡아주기 보다는 고기 잡는 방법을 일러주는 것이 옳은 것임을 누구나 알지만 쉽게 행동에 옮기려 하지 않는다.

행동에 옮기려고 하지 않는데 어떻게 그것이 현실로 되어 돌아오겠는가.

5. 마지막 2달이 중요하다 – 절대로 포기하지 않는다

난 고등학생시절부터 아르바이트로 학생들을 가르쳐 용돈도 벌고 학비에 보태었고 그런 생활은 대학원을 졸업할때까지 계속되었고 제법 잘 가르친다고 소문도 났다.

대학원을 졸업하고 공군장교로 복무하던 중 아내와 결혼을 하여 성남공군기지에 근무를 하였고, 당시 살던 집이 부천이었던 까닭에 출근을 하려면 새벽같이 일어나야 부대 출근시간을 맞출 수 있었다.

그러던 어느 날 아는 친지분을 통하여 소개를 받았다면서 딸아이를 한번 가르쳐 달라는 부탁을 받았다.

새벽같이 출근하던 나로서는 아무리 살림에 보탬이 된다고 하여도 도저히 시간을 낼 수 없을 것 같아, 아이를 맡을 수 없다고 고사(苦辭)를 하였지만 아이의 아버지는 막무가내로 부탁을 하였다.

계속되는 아버지의 간곡한 부탁에 차마 더 이상 거절을 할 수가 없어 아이를 한번 보고 결정하겠노라고 반허락하고 시간을 내어 아이를 만나보았다.

당시 그 학생의 성적은 200점 만점인 학력고사에서 겨우 100점 정도를 맞는 수준이었고(당시에는 고등학교를 진학할 때 '학력고사'라는 시험을 치루었고, 서울의 인문계 고등학교를 가려면 최소한 125점을 넘어야 했다), 더구나 학력고사를 2달 앞둔 시점이었다.

한창 원서를 내던 시기였는데 학교에서도 인문계는 어림없다면서 원서조차 써주지 않는다고 하였다.

하지만 인문계 고등학교를 가고 싶어 하는 아이의 소망이 너무도 간절하였고, 무엇보다도 아이의 눈빛에서 비록 두 달 남았지만 최선을 다하겠다는 결의에 찬 의지가 보였다.

그날 바로 공부를 시작하였다.

저녁 8시부터 밤12시까지 일요일을 빼고는 하루도 거르지 않기로 하였다.

학교에 가서는 삼촌이라고 거짓말을 하고, 죽어도 후회하지 않을 것이며 떨어져도 그 누구도 원망을 하지 않겠다는 다짐을 서너차례나 하고서야 간신히 원서를 넣었다.

새벽같이 출근을 하고 다시 퇴근하여 저녁 숟가락을 놓는 둥 마는 둥 한 채 공부가 시작되었고, 그 학생과 나는 그야말로 사투를 하기 시작하였다.

비록 2달이라는 시간밖에는 남지 않았지만 기본 득점과목인 영어, 수학, 국어를 제외하지 않았으며, 모자라는 부분은 중학교 1학년 것부터 다시 시작하였다.

2, 3주 지나자 급기야 학생도 나도 체력이 달리기 시작하였다. 어떤 날은 공부하다가 서로 코피를 흘리기도 하였다. 또 어떤 날은 너무 힘들어 나는 책상 이편에 눕고 학생은 책상 저편에 누워 서로 눈을 감은 채 공부를 하기도 하였다. 내가 눈을 감은 채로 기본사항을 설명하면 그 학생은 대답을 하고 또 질문을 하고. 선생과 학생이 서로 누워 공부를 한다는 것이 참으로 기괴하고 웃기는 장면이었지만 그만큼 우리는 절박했다.

너무도 힘든 과정이었지만 한번 목표를 정하고 약속한 이상 멈출 수는 없었다.

더 힘들었던 것은 수업이 끝나고 돌아간 녀석이 새벽 한시고 세시고 상관없이 전화를 하여 모르는 것을 물어보는 것이었다.

곤한 잠에 빠져 있다가 갑자기 깨어나 그녀석의 질문에 답하는 것이 무척이나 피곤하고 힘든 일이었지만 그럴 때마다 나도 교과서를 뒤져가며 정성껏 설명을 하여주었다. 전화로 그렇게 서로 질문과 대답을 하다가 출근시간을 맞은 적도 있다. 그러면서 난 확신이 들었다.

'아! 이 녀석은 되겠구나'

시험 발표가 나던 날.
'선생님, 146점 맞았어요!'

온몸에 소름이 돋았고, 나도 모르게 눈가에 눈물이 흘렀다.
그 녀석은 대학 재학 중, 공군사관생도와 열애를 하여 지금은 두 아이의 어머니이자 공군소령의 아내가 되어있다.

가끔 전화를 한다.
'선생님, 안녕하세요.'

− 그래, 너도 잘 지내지.
  네 아이들이 커서 수험생이 되면 너의 멋진 무용담을 내가 들려주마.

6. 함께 오르면 덜 힘들다 – 스터디그룹 만들어보기

고시공부를 하는 수험생들은 흔히 스터디그룹을 짜서 공부를 한다. 적게는 두서너명, 많게는 너댓명이 팀원이 되기도 한다.

마음이 맞기도 하고 또 실력도 있으면 금상첨화다.

뭐든지 혼자서 하는 것은 너무도 힘들다.

여럿이 함께 먹는 밥이 더 맛있으며, 벌도 단체로 받는 것이 덜 힘들고, 산도 동료와 함께 오르면 덜 힘들다.

나 혼자 수업을 하루에 열 시간씩 들으라고 하면 절대로 지겨워서 못 듣는다.

군대에서 얼차려로 연병장을 10바퀴 돌라고 하면, 뛰다가 지쳐서 그만 쓰러지고 마는 경우가 허다하지만, 수백명이 함께 하는 훈련시간에는 완전군장을 하고도 20여바퀴 정도는 거뜬히 뛴다.

바로 동료가 있기 때문이다.

나와 같은 길을 가는 동료는 나에게 의지가 되며, 힘든 일을 당하더라도 나만 당하는 것이 아니기 때문에 모두 그런가보다 하고 보다 쉽게 그 어려움을 넘길 수 있게 되는 것이고, 또 같은 처지에 있기 때문에 서로의 처지를 이해하고 격려해주며 공통관심사에 대한 정보를 서로 공유하기도 한다.

어쨌든, 스터디그룹을 만들게 되면 밥도 함께 먹으러 다니고 공부도 함께 하며 스트레스도 함께 푼다.

그리고는 하루 중 시간을 정한다든가 또는 함께 밥을 먹는 시간에 한 주제에 대하여 그날 정하여진 당번('발제자'라고 한다)이 그 주제에 대하여 정리를 하고, 정리한 것을 복사하여 팀원에게 나누어주고 마치 선생님처럼 설명도 하고 때론 문제를 제기하여 해결하여 보이기도 한다. 그러다보면 팀원 중 하나가 자신이 알고 있던 중요한 문제를 제기하여 설명을 하여 주기도 하고, 팀원 전체의 실력이 향상되는 효과를 가져 온다.

어차피 같은 수험생의 입장이므로 서로 모르는 것을 물어보는게 창피할 것도 없다. 대개 수험생 입장에서 틀리는 문제는 답을 틀리게 찾아가는 경로가 같으므로 어떤 때는 선생님이 가르쳐주시는 것보다 훨씬 더 알아듣기 쉽고 귀에 쏙쏙 들어 올 때도 있다.

또 서로 함께 하므로 공부하는 시간이 지루하지도 않다.

오늘 아들 녀석에게 이 방법을 한 번 이용하여 보라고 하였더니 친구끼리 쑥스러워서 그걸 어떻게 하느냐고 한다.

– 녀석.

그럼 그걸 친구끼리 하지 선생님과 하냐.

좋은 습관을 들여야 성공한다

1. 한 곳에서 오래 공부하지 마라

하루 중 공부하는 장소를 보면 대략 학교, 학원, 학교도서관, 사설도서실, 집이다.

물론 학교며 학원이며 이리저리 다니다 보면 한 곳에 오래 앉아 있을 틈도 없지만 주말이나 일요일 같은 경우에는 혼자서 하루 종일 공부해야 하는 날도 적지 않다.

그런 날에는 한곳에서 오래 공부하려고 하지 않는 것이 좋다.

한곳에서 하루 종일 공부하다보면 처음 책상에 앉을 때의 각오가 금방 시들어지고 지치며 나태해지기 일쑤다. 이럴 때 공부 장소를 적절히 바꾸어가면서 공부하는 것이 지루함을 느끼지도 않으며 능률도 훨씬 더 오른다.

마치 마라톤을 할 때 제1, 제2의 목표지점을 정하여 둔다거나, 산을 오를 때 베이스캠프, 제1캠프, 제2캠프를 설정하여 두면 훨씬 덜 지치듯이.

예컨대, 학교에서 3시간 공부를 하면 사설 도서실로 장소를 옮겨 공부하다가 또 세 시간 정도 지나면 집으로 돌아와 자기 방에서 공부하기도 하고.

공부를 하는 학생이라면 책상에 앉을 때마다 새로운 각오를 할 것이고, 또 공부장소를 옮기면서 반성도 해보고 그곳에서 공부한 것도 되짚어 보고 또 다음 공부장소로 걸어가면서 긴장을 늦추고 적절한 운동도 되니 머리에만 몰렸던 피가 몸 전체로 순환되어 건강을 유지해 주기도 한다.

나 역시 고시공부를 하면서는 이 원칙을 철저하게 지키려고 하였다.

오전에는 고시반 독서실에서 공부를 한다. 그러다가 점심을 먹고 나면, 학교 도서관으로 향한다. 천천히 걸으면서 소화도 시키고 식곤증도 쫓아버린다. 또 그곳은 상당히 넓은 공간에 위치하고 있어 가슴이 답답해지는 것을 방지해주기도 한다.

저녁식사 후에는 빈 강의실을 찾아 들어가 한두 시간쯤 공부를 하였다. 재학시절의 추억도 떠올리면서 마음을 추스르기도 하고 결의를 다시 다지며, 때론 칠판에 분필로 적어가며 나 스스로에게 강의를 하곤 하였다. 그리고 나선 다시 고시반 독서실로 돌아와 하루의 공부를 정리하고 잠자리에 들었다.

골프라는 운동에는 '루틴(ROUTIN)'이라는 단어가 있다.

이 루틴이라는 단어는 뜻 그대로 '일상' 혹은 '습관'으로서, 공을 치기 전에 취하는 일련의 습관적 행동을 말하는 것인데, 좋은 샷을 치기 위해서는 좋은 루틴을 가져야한다고 한다.

먼저 공 뒤에 가서 공을 보내야 할 방향을 설정하고, 연습 샷을 두어 번 가볍게 해보고 이제 공 앞에 다가서서 골프채를 정렬하고 그립(골프

채를 잡는 방법)을 다시 고쳐 잡는다든가 하는 등의...

골프의 황제라고 하는 타이거우즈가 가장 훌륭한 루틴을 가졌다고 하며, 그가 골프의 황제가 된 비결은 바로 그 훌륭한 루틴 때문이었다고 한다.

수험생도 이러한 루틴을 가져야 한다.
공부장소도 들쭉 날쭉 할 것이 아니라 일정한 패턴을 유지하고, 토요일이나 일요일도 그저 되는 대로 놀고 공부할 것이 아니라 휴식하는 시간, 운동하는 시간을 보다 규칙적으로 정하여 놓고.
그렇게 하다보면 하루하루의 일과가 물 흐르듯이 흘러가게 되고, 그런 하루하루가 쌓여 성공의 초석이 된다.

- 아들아, 공부장소를 옮겨가며 해보렴. 훨씬 덜 지루하단다.

2. 스트레스 해소는 미루지 말자

　신문을 보니 요즈음은 초등학생들의 70% 이상이 공부 스트레스에 시달린다고 한다. 그러니 학년이 올라갈수록 스트레스가 더 가중될 것이고 하물며 수험생들에게 있어서랴.
　공부를 열심히 하는 것도 중요하지만 스트레스를 해소하는 것도 그에 못지않게 중요하다.
　지구상에서 치루어진 많은 전쟁 중 전투를 잘 못하여 패배한 것보다는, 병사들이 지치고 사기가 떨어져 제대로 한번 붙어보지도 못하고 패배한 전투가 훨씬 더 많다는 것이다.

　요즘의 학생들은 초등학교때부터 대학에 입학할 때까지 수험생활을 한다고 해도 과언은 아니다. 그 기간은 긴장의 연속이며 그렇게 긴장을 하다보면 스트레스가 쌓이게 마련이고 이를 해소시키지 않고 놔두었다가는 큰 병이 되거나 의욕상실증에 걸리고 만다.

　여태껏 알려진 암의 원인 중 가장 큰 원인이 바로 스트레스라고 하지 않은가. 인간이 스트레스를 받을 때 체내에서 뿜어내는 독성물질이 코브라의 그것보다 수백 배에 이른다는 말을 들은 적이 있다.

역설적이지만 공부로 인한 스트레스를 푸는 가장 좋은 방법은 사실 더 열심히 공부하는 것이다. 더 좋은 성적을 받아 보상이 되면 스트레스를 주던 원인이 스트레스 해소의 명약이 된다.

그렇지만 이는 어디까지나 이론일 뿐 실제로 행하는 사람은 백에 한 명 있을까 말까다.

학생이라면 나만의 스트레스 해소법을 하나쯤은 반드시 갖고 있어야 하고 그날의 스트레스는 그날 바로 풀어버려야 한다.

공부도 매일 해야 하고 스트레스 해소도 매일 해야 한다.

운동도 좋고 인터넷게임도 좋고 다 좋다. 스트레스를 날려 버리는 것이라면 모두 좋다. 난 스트레스를 받으면 샤워를 하곤 했다. 가장 짧은 시간과 최소한의 비용으로 스트레스를 날려 버릴 수 있었으니까.

새로운 것을 매일 담으려면 매일 또 비워야 한다.

단, 시간을 너무 많이 허비하는 것이어서는 곤란하다.

그 시간을 보내 놓고 또 후회하게 되니까.

- 아들아. 스트레스 풀려고 하는 시간치고는 인터넷 게임하는 시간이 너무 길잖아.

3. 스스로 가르쳐보라

사람의 뇌는 주체적으로 작동할 때가 수동적으로 작동될 때보다, 더 효율적이고 능률도 높아지는 반면, 수동적으로 행동하는 경우에는 뇌가 더 빨리 피로를 느끼게 되는 것이다.

그래서 강의를 하는 사람은 졸지 않지만, 강의를 듣는 사람들은 때론 꾸벅꾸벅 졸게 되는 것이며, 가르친 사람은 내용을 기억해도 듣는 사람은 쉽게 까먹는 것이고, 교과서는 아무리 봐도 재미없고 기억도 나지 않지만 만화책은 한번을 봐도 재미가 있고 내용도 오래 기억되는 것이다.

강의내용이 신선하고 재미있어서 머리에 쏙쏙 들어오면 조는 사람이 없다. 이는 강의를 듣는 사람들 역시 그 이야기에 빠져 들다보니 그 다음 이야기가 궁금해지고 그러다보니 강의하는 사람만큼이나 능동적으로 뇌를 움직이게 되는 것이다.

그런데, 우리가 수험을 위하여 듣는 강의는 그 내용 자체가 공부다 보니 재미도 없고 신선하지도 않은 경우가 대부분이다. 그러니 뇌가 능동적으로 작동할 리가 없다. 뇌가 수동적으로 작동하다보니 내용 파악은커녕 심지어 졸립기까지 하다.

모름지기 수험생이라면 수업시간에 자신의 뇌를 능동적으로 작동하게 만들어야 한다.

선생님이 수학문제를 풀 때에는 그저 고개만 끄덕거리지 말고 머릿속으로 함께 풀어봐야 하며, 국어 선생님이 지문을 읽을 때는 마음속으로 따라 읽어야 한다. 뇌를 적극적, 능동적으로 작동시키기 위함이다.

하루 중 공부하는 시간의 70~80%가 수업을 듣는 것이라면, 수업 듣는 시간을 바로 내 공부를 하는 시간으로 만들어야 하는 것이다.

선생님의 눈길 하나조차도 놓치지 않으려고 애쓰는 학생들이 공부도 잘하고 수험성적도 좋다.

또 한가지, 가장 좋은 기억 방법중의 하나는 '가르쳐보는 것'이다.

'가르친다'는 것은 곧 뇌를 능동적, 적극적으로 작동시키는 것이며,

그만큼 기억도 오래감은 물론 재생능력도 배가 된다.

홀로 빈 강의실을 찾아가거나, 또는 집에서 벽에 칠판을 걸어놓고 나 자신이 선생님이 되어 스스로에게 말을 하며 강의를 해보자.

남들이 보기엔 미친 짓 같고 처음 해보면 쑥스럽지만 가장 좋은 복습 방법이며 기억 방법이다.

- 배운 것은 까먹어도 가르친 것을 절대로 까먹지 않는다.

4. 잠을 줄이지는 마라 – 부족한 수면이 뇌를 망친다

사람인 이상 잠을 충분히 자지 않으면 졸립게 되어 있고, 또 졸음을 참으며 일을 하다보면 사고로 이어진다.

버스를 타고 가다가 졸았다면 내려야 할 정류장을 놓치는 정도의 해프닝에서 끝나지만, 만일 운전 중이었다면 대형교통사고로 이어지는 것이다.

장거리 여행을 계획하는 운전자 일수록 충분한 휴식과 수면을 취한다. 맑은 정신과 최상의 컨디션을 유지하기 위해.

만일 할 수만 있다면, 잠도 충분히 자가면서 수험생활을 하는 것이 제일 바람직하나, 수험생의 입장으로는 일분일초라도 아껴야 할 판이니 잠자는 시간도 아까워지게 마련이고 그러다보면 수면시간을 줄여 공부를 더하게 된다.

우리 주변에는 하루에 서너시간만을 자면서도 건강을 지키고 일하여 성공하는 사람들이 있다. 절대로 그런 사람을 본받으려고 하지 마라.

그런 사람은 만 명 중에 한명 있을까 말까 한 사람들이니 적어도 수험생의 입장에서는 그런 사람을 보게 되면 '나와는 다른 별나라에서 온 사람이겠거니'하고 지나쳐 버려라.

내가 만 명 중에 한명도 아닐 뿐더러 내가 만 명 중에 한명이라면 왜 이 책을 읽으며 고민을 하고 있겠는가 말이다.

아무리 수험생이고 고3이라고 하여도 적어도 하루 여섯 시간 이상은 수면을 취해야만 한다. 그래야 하루 종일의 수강, 예습, 자율학습시간에 집중할 수 있는 것이다.

만일 자는 시간이 아깝게 느껴진다면, 잠자는 시간을 줄이는 대신 헛되이 보내는 시간을 줄여라.

졸면서, 혹은 머리가 멍한 상태에서 공부했다가는 잘못된 지식, 잘못된 판단이 뇌에 기억된다. 안 하느니만 못한 결과를 가져온다.

밥 먹었다고 30분, 학교에서 또는 학원에서 돌아왔다고 한 시간…
이렇게 헛되이 보내는 시간이 얼마나 많은가.
이런 시간을 줄이고 잠자는 시간을 늘려라.

5. 스스로 출제해봐라 – 시험은 보물찾기 게임이다

얼마전 초등학교에 다니는 막내녀석의 학교에서 가족동요대회가 있다고 해서 한 달여가 넘도록 '연'이라는 노래로 화음을 넣어가며 열심히 연습을 해서 참가했다.

참가팀이 몇 되지 않아 운 좋게 금상을 먹었고, 부상으로 한 아름 학용품을 받았다. 그런데 녀석의 눈치가 그리 기뻐하는 것 같지 않다. 이제 아이들에게 학용품은 더 이상 선물이 되지 않는가보다.

요즘도 초등학교 소풍을 가면 보물찾기를 하는지는 잘 모르겠지만, 내가 자라던 시절 소풍의 클라이막스는 역시 보물찾기였다.

선생님이 종이쪽지에 상품명을 적어 넣고 꼬깃꼬깃 접어 나무 위, 바위 틈, 벤치 밑 같은 곳에 미리 숨겨 놓고 시작 호루라기를 불면, 아이들은 함성을 지르며 신나게 보물을 찾으러 나섰다.

학용품이 넘쳐나는 요즘과는 달리 살림이 넉넉지 못하던 시절에는 보물쪽지를 찾은 선물로 공책이며 색연필 등 학용품을 받게 되면 모두 즐거워하였다.

어떤 녀석은 뒤지는 곳마다 보물쪽지가 있어서 서너 장이나 되는 보물쪽지를 찾는가 하면, 어떤 녀석은 부지런히 이곳저곳을 들쑤셔거려 보지만 한 장도 찾지 못하고 어깨를 축 늘어뜨리기도 하였다.

그런데 놀랍게도, 게임이 끝나고 나서 보물을 나누어 줄 때면 보물쪽지를 적어도 한 장씩은 갖고 있었고, 상품으로 받은 연필 한 자루를 받아들고는 누런 이빨을 드러내고 겸연쩍게 웃는 녀석들도 있었다.

나중에 알게 되었지만, 선생님께서 한 장도 못 찾은 녀석들에게 남몰래 한 장씩 손에 쥐어 주신거다.

고마우신 선생님.

그런데, 그 보물찾기가 바로 우리가 치르는 시험인 것이다.

어떤 녀석은 뒤지는 곳마다 보물쪽지가 나오듯이 공부하는 족족 점수로 이어지는데, 어떤 녀석은 이리저리 들쑤셔거리기는 열심히 하는데 보물쪽지 한 장 못 찾는 것처럼 어쩜 그리도 재수가 없는지 공부한 곳에서는 하나도 문제가 나오지 않는다.

왜 그럴까.

접근방법이 달라서다.

보물을 찾으러 가면서 그저 찾고 싶다는 생각에 이곳저곳 닥치는 대로 들쑤석거리고 그러다가 끝내는 고생만 하고 한 장도 찾지 못하게 되기 일쑤다.

보물을 찾으려면 우선 '어디에 숨겼을까'라는 생각의 전환을 하여야 한다. 내가 보물을 숨긴다면 과연 어느 곳에다 숨겨 놓을까라는 주체적인 생각으로 발상을 전환하면 이곳저곳을 닥치는 대로 뒤지는 것이 아니라 '숨겨 놓았을 만한 곳'만을 골라가며 살피게 되는 것이다.

골을 잘 넣는 축구선수는 공을 잘 차기도 하지만, 그보다도 골을 넣을 수 있는 자리를 수비수보다 먼저 파악하고 위치를 선점하는 선수인 것이다. 월드컵 4강 신화를 이룬 황선홍이나 안정환 선수처럼.

시험도 이런 것이다. 시험공부를 하면서 무작정 아무생각 없이 기계적으로 공부를 했다가는 정작 본시험에서는 보물을 하나도 찾지 못할 수 있다.

공부를 하면서 도대체 무엇이 문제이고, 또 무엇이 문제가 되는지 한번 되짚어 보는 것이 필요하다. 출제자가 낸 문제를 골똘히 풀어 내는데에만 급급하지 말고 내가 출제자라면 이 단원에서 혹은 이 부분에서 문제를 어떻게 낼까를 생각해 보자.

어려운 일 같지만, 단원 단원을 공부하면서 때때로 스스로 출제를 해보는 습관을 가져보자.

문제를 풀 수 있는 능력이 된다면 문제를 내는 것 또한 같은 능력이기 때문이다.

한 단원을 공부하고 단짝인 친구와 서로 10문제씩 출제해서 일요일 낮에 만나기로 하자. 서로 문제를 풀어보고 점수가 낮은 사람이 벌로 떡볶이를 사기로 하자.

일요일에 친구도 만나고 떡볶이도 공짜로 얻어먹고, 실력도 늘어나고, 그야말로 '일타 삼피'다.

- 아들아, 떡볶이값 대줄게, 한 번 해보렴.

6. 네비게이션 바보

몇 년 전까지만 해도 네비(네비게이션)는 항공기에나 장착되는 고가의 장비였지만, 지금은 거의 모든 차량에 부착이 되어 있을 정도로 이젠 보편화된 기계다. 아무리 초행인 길이라도 이젠 두렵지 않다. 좌회전 하라면 하는 대로 우회전 하라면 하는 대로 시키는 대로 말만 잘 들으면 어느덧 목적지에 도착해 있다. 참으로 편리한 기계다.

그런데, 아뿔사!

어쩌다가 네비가 없는 차량을 운전하게 되거나 네비가 고장이라도 나면 당황스럽기 그지없다. 곧잘 다니던 길도 뺑뺑 돌기가 일쑤이고 길을 잘못 들어 낭패를 당하기도 한다.

네비를 과신하다가 어느덧 길치가 되어버린 것이다.

문명의 이기(利器)가 나를 바보로 만들어버린 것이다.

외식산업이 발전할수록 엄마의 요리솜씨는 점점 줄어들고
사회가 발전할수록 아빠는 못하나 제대로 박지 못하는 바보가 되고 만다.

과외며 학원에 쫓아 다니는 시간이 많아질수록 우리네 사랑하는 아이들은 스스로 공부하는 방법을 까먹고 만다.

마치 네비로 인해 길치가 되어 버린 아빠처럼.

마치 포장김치로 인해 김치하나 못 담그는 엄마처럼.

스스로 자란 나무는 태풍도 이겨내지만

버팀목에 의지한 나무는 아무리 키가 커도 작은 비바람에 가지가 꺾여 상처를 입는다. 버팀목이 부러지기라도 하는 날에는 생명력까지 잃고만다.

나이 사십이 다되어 가는 나이에도 엄마 손을 잡고와 자신의 이혼을 상담하는 사람들을 만나게 된다. 덩치만 나이 사십이지 자신의 일을 스스로 할 줄 모르는 어린 어른이다.

스스로 바로 서는 연습을 해야 하고, 또 가르쳐야 한다.

생명력을 지키기 위해서.

- 쓰러져도 좋으니 너 혼자 서 봐라.

홀로 서는 방법을 아는 놈은 쓰러져도 다시 일어난다.

7. 질문하는 법을 모른다 – 질문을 해야 실력이 는다

아기가 자라나 두서너살이 되면 질문이 늘어난다.

아빠, 이거 뭐야?

엄마, 어디 가?

애기는 어떻게 나와?

수동적으로만 자라던 아기가 처음으로 자신의 판단대로 행동을 하고 싶어하며, 지각능력이 급속히 발달하는 시기이다.

그럴 때, 귀찮다고 '넌 그런 거 몰라도 돼', 라거나 '이 다음에 크면 알게 돼'라고 건성으로 답해버리면 아이는 그 다음부터 질문이 하고 싶더라도 하지 않아버리든가 아니면 질문을 줄여버린다. 아이의 지각능력을 발달시킬 수 있는 기회를 놓치게 되고 만다.

반대로 그 나이가 되도록 아이가 질문을 하지 않는다든가 하면 분명 어딘가 병이 들어있다는 거다.

"왜?"라고 질문한다는 것은 바로 그 문제에 대하여 골똘히 생각하고 있다는 증거이고, 나름대로 자신의 판단을 하고 싶다는 이야기이며,

반대로 아무 질문도 하지 않는다는 것은 관심조차 없다는 이야기인 것이다.

공부를 잘하기 위해서는 끊임없이 "왜?"라는 질문을 던져야하며, 그 "왜?"라는 질문에 대하여 맞건 틀리건 스스로 답을 구해보지 않는 한 실력향상을 기대할 수는 없다.

틀리면 틀리는대로 그 오류를 바로 잡는 과정에서 내 것이 되고, 맞으면 맞는 대로 내 판단에 대한 자신이 생기는 것이기 때문이다.

학교나 학원에서 선생님이 풀어 주실 때에는 잘 풀리던 수학문제가, 책상 앞에서 나 혼자 하려고 하면 잘 풀리지 않는다.

그건 그저 수동적으로 고개만 까딱이면서 이해하는데 급급하였을 뿐, 내 스스로 문제의식을 갖고 "왜?"라는 질문을 하여보지 않았기 때문이다. 그래서 시험장에서 "왜?"라는 질문을 받으면 당황하게 되는 것이고, 결국 문제를 해결하지 못하게 되는 것이다.

질문을 해야만 하는 중요한 이유가 또 하나 있다. 학교선생님이건

학원, 과외 선생님이건, 제자의 질문에 대하여는 최선을 다하여 이해시키고 답해주려고 최선의 노력을 다하는 것이 선생님의 마음이기 때문이다.

대학원시절 '국회'와 관련 된 수업을 하던 중 문득 도대체 국민을 '대표'한다는 것이 과연 무엇이며, 대표의 실체는 무엇인가에 대하여 질문을 드린 적이 있다. 물론 그러한 주제는 교재에도 없었고 시험에 필요한 것도 아니었지만 단지 학문적으로 궁금해졌기 때문이었다.

그리고 난 그러한 질문을 했다는 기억조차 잊어버린 채 지내다가 졸업논문 준비차 교수님의 연구실을 들르게 되었고, 선생님은 천 쪽이 넘는 'THE REPRESENTATIVE(대표론)'라는 미국원서를 읽고 계셨다.

예의 멋쩍은 웃음을 지으시면서,
'자네가 궁금해 하는 것이 뭔지 나도 궁금했거든.
조금만 기다려. 내가 다 연구되면 알려 줌세'

나중에 알고 보니 선생님은 일부러 미국에 그 책을 주문하셨고, 틈틈이 읽고 계셨던 것이다.

선생님을 선생님으로 대하지 않고 아버지로 모시는 이유다.

스스로 "왜?"라는 질문을 던지고 그 답을 구해내는 데에는 많은 시간과 인내라는 고통이 따르지만, 결국 답을 구해내면 그 답은 아주 오랫동안 기억된다.

마치 종이에 쓴 글씨는 쉽게 지워지지만, 바위에 새긴 글씨는 천년을 가듯이.

- 아들아, 중요한 글일수록 바위에 새겨라.

8. 확신을 가져라

　어떤 일을 도모하기에 앞서 정말로 내가 그 목표달성을 진정으로 원하는가를 심각하게 고려하여야 하고, 그러한 의지를 확인한 연후에 목표에 달성할 수 있는 최적의 수단과 방법이 어떤 것인가를 결정하여야 하며, 그 방법이 최적이라는 확신이 들면 이제 그 방법으로 앞만 보고 달리면 된다.

　나도 그런 부류중의 하나였지만 고등학교시절 공부깨나 한다하는 친구들이 분위기에 휩싸여, 법조인이 되고자하는 진정한 열망도 없이 법대에 진학하고, 사법시험에 합격하겠다는 진정한 열망도 없이 그저 법대생이라는 이유만으로 고시길로 접어들었다가는 '고시유랑생'신세를 면하지 못한다.

　목적에 대한 열정, 최적의 수단이라는 확신이 모두 결여되어있기 때문이다.

　수년 전 함께 일하던 사무장 한 분이 조용히 방문을 열고 들어와 흰 봉투 하나를 내밀었다.

사직서였다.

비록 내 사무실 직원이었지만, 연배도 큰형님 뻘이고 성격도 서글서글함은 물론 상당한 경력도 있으셨던 분이라 내심 어려운 일이 있을 때마다 의지하였던 분인데…

잠시 침묵이 흐르고,

- 간암이랍니다. 6개월밖에는 남지 않았답니다.

하던 일을 접고 투병에만 전념하시겠다는 그 분을 위하여 내가 해드릴 것이라고는 쾌유를 빌어드리는 것과 하느님께 기도하는 것밖에는 아무것도 없었다.

그런데,

그런 일이 있은지 불과 보름이 되지 않아 그 분이 돌아가셨다는 청천벽력의 부고를 받았다.

병원으로부터 간암선고를 받고 항암치료를 시작한 그 분은, 병원 말고도 이 사람 저 사람에게 자신의 병을 알리며 그들이 좋다고 하는 민간요법이라는 요법은 다 쓰셨단다. 산삼이며 상황버섯이며 몸에 좋다는 보약이 오히려 암세포를 더 빨리 퍼뜨려 급하게 돌아가셨단다.

시험성적이 오르지 않으면 그저 마음만 간절해져서 이 방법 저 방법을 다 동원해본다. 이 학원에 몇 달 다니다가 성적이 오르지 않으면 저 학원에도 가보고, 그래도 신통치 않으면 과외를 해보고, 그랬다가 과외 학원 다 끊고 혼자 독서실에 두 서너달 다녀보고. 책도 이 책 저 책을 기웃거려보고 이 문제집 샀다가 저 문제집을 사보기도 하고.

약효란 그리 빨리 나타나는게 아니다. 우선 내가 가장 신뢰할 수 있는 의사 선생님이 누구인가를 신중히 결정하고, 결정한 후에는 믿음과 확신을 갖고 조제받은 약을 인내심을 갖고 꾸준히 먹어야만 한다.

그래야만 효과가 난다. 효과를 봐야만 그 다음에도 확신을 갖고 그 약을 먹을 수 있다.

공부도 마찬가지이다. 가능한 한 어린 나이에 내 체질과 실력에 맞는 공부방법을 찾아 놓아야만 한다. 그런 공부방법을 찾아 놓아야만 확신을 갖고 아무 흔들림 없이 목적을 향한 발걸음을 내딛을 수 있는 것이다.

사법연수생시절 엠티를 간 적이 있다.

어디로 갈까 고민하던 차에 담임이셨던 부장판사님께서 제안하셨다.

강원도 어느 산골에 좋은 쉼터를 알고 있으니 그리로 가자고 하신다.

당시는 네비게이션이 없던 시절이라 초행의 시골길을 찾아가기가 그리 쉬운 일은 아니었다.

주소를 주시면서 한마디 덧붙이셨다.

"한 열 번쯤은 길을 잘못 든 게 아닌가 싶은 생각이 들만큼 가야, 제대로 찾은 기라."

친한 후배와 하루 전 선발대로 나섰다.

자칫 길을 잘 못 들어 모처럼만에 나선 수십 명의 나들이를 망칠 수는 없다는 생각에서였다.

국도로 찾아가는 길은 쉬웠으나, 국도를 벗어나자 정말 이정표도 하나 없고 길은 길인 것 같은데 도대체 차 한 대가 지나가기고 힘든 험한 산길이었다.

가다가 맞은편에 차를 만나기라도 하면, 차 한 대가 벼랑에 매달릴 정도가 되어야 다른 차가 지나갈 수 있는 그런 좁은 길이었다.

그런 길이 가다가 끊긴 것도 같고 그러다가 또 이어지고. 30여 분을 그렇게 그 좁은 길을 따라갔지만, 보이는 것은 첩첩산중에 빽빽한 나무뿐이고. 벌건 대낮이지만 귀신이라도 나올 그런 산중이었다.

말은 못하고 서로 얼굴만 쳐다봤다.
'이거 길을 잘못 든 거 아닌가.'

순간, 맞은편에 검정 승용차가 한 대 나타나 우리 차를 보고는 바로 차를 세웠고, 우리도 차를 세웠다.

그런데...

차에서 내린 장정 네 명이 우리쪽으로 다가오는데, 허걱! 손에 낫이 들려있다.

순간 정신이 아뜩하여지고 아무 말도 할 수 없었다.

등에 식은땀이 흘렀다.

'여기서 죽는구나!'

그들이 우리차 바로 앞까지 오는 데는 불과 몇 초밖에는 걸리지 않았지만, 그 짧은 시간에 장편의 드라마가 파노라마처럼 스쳐갔다.

그런데 주변을 두리번 살피는가 싶더니, 산속으로 들어간다.
늦은 가을 벌초를 나왔던 사람들이었다.

사지(死地)에서 살아 돌아온 전우처럼 우리는 서로를 쳐다보며, 위로와 안심의 웃음을 지어보였다.

'이렇게까지 계속 가야하나'
길을 가면서도 계속해서 서로 물었다.
'우리가 몇 번이나 망설였지? 아직 열 번은 안됐지?"

서로를 다독이며 다시 30여 분을 더 헤메었고, 마침내 그 별장을 찾아냈다.

빽빽한 숲과 하늘밖에는 보이지 않는 첩첩 산중에 있으리라고는 도저히 믿기지 않는, 수천평에 이르는 잔디밭에 고고히 서있는 통나무 집 한 채. 앞으로는 강이 흐르고, 뒤편 계곡에는 '쉬리'가 노닐며 나뭇가지를 낚싯대삼아 지렁이를 넣으면 산메기가 바로 용트림을 하는...

50이 넘은 나이지만 아직도 그 보다 더 멋진 별장을 본 적이 없다.

그 별장은 아름답게 늘 거기 있었지만, 믿음과 확신이 없었더라면 가보지 못할 뻔 했던 곳이다.

꿈★은 이루어진다

1. 새는 알을 깨고 나온다

– 공부방법을 바꾸는 것은 참으로 힘든 일이다

'새는 알을 깨고 나온다'

'데미안'이라는 소설에 나오는 구절로 기억되며, 새로운 세상을 여는 데는 고통이 따른다는 의미인 것 같다.

태아에게 엄마의 자궁 안은 그야말로 자신이 살고 있는 우주이자 '이 세상'이며, 자궁의 바깥은 '저 세상'일 것이다.

그런데, 태아가 한 생명체로 태어나기 위해서는 자신이 살고 있는 세상인 자궁을 떠나, '저편 세상'인 자궁밖으로 나와야만 한다.

태아의 입장에서, 살고 있는 곳을 떠나 '저편 세상'으로 나가는 것은 곧 죽음을 의미하는 것이다.

그래서 인간은, 아니 태아는 자궁밖으로 쉽게 나오려 하지 않고, 어머니들은 그런 태아를 살리기 위해 자궁 밖으로 끄집어내려고 죽을 힘을 다한다.

출산(出産)에 따르는 고통의 비밀이다.

아이러니다.

한쪽은 살리기 위해 자신의 목숨을 건 사투를 벌이고

한쪽은 그것이 사는 길인지도 모른 채 끝까지 두려워한다.

우리에게 생명을 주신 어머님께 저지르는 최초의 불효(不孝)이자, 현재에 안주하려고 하는 인간이라는 동물의 어리석음이다.

내가 하고자했던 또는 내가 제안한 공부방법이 유일한 방법도 아니며, 또한 최선의 방법이 아닐 수 있다. 단지 성공한 하나의 경험담이다.

그러나, 만일 하나라도 공감되는 부분이 있다면 반드시 실천하기 바란다. 갑자기 공부하는 방법을 바꾼다는 것은 마치 세상에 태어나는 것처럼 두려운 것이다. 확신도 없고 자신감도 없다.

그러나 확신은 경험에서 생기는 것이며, 인간은 모든 일을 직접 경험할 수 있을 만큼 긴 세월을 살지도 않는다. 간접 경험도 경험인 것이다.

맛을 봐야 소금인지 알고, 냄새를 맡아봐야 똥인지 안다면, 그건 경험이나 지혜가 아니라 바로 어리석음이다.

이 기회에 확 바꿔보기 바란다.

과외시간이나 학원시간을 줄여 혼자 공부하는 것도 힘들고, 80점만 바라보고 계속해서 반복하는 것도 힘든 일이며, 책을 사진찍는다는 것도 힘든 일이다. 그러나 힘 안들이고 성공할 수는 없다. 고통 없이 새로운 세상을 맞이할 수 없듯이.

– 아들아, 새는 알을 깨고 나온단다.

만일, 깨지 못하면?

후라이가 되어 식탁에 오르겠지

2. 가르쳐주면 제발 좀 따라 해라 – 프로의 조언이다

모든 분야에는 프로가 있다.

프로라는 것은 적어도 그 분야에서는 성공을 한 사람이며 적어도 자기만의 남다른 노하우를 가지고 있는 사람이다.

그리고 프로의 말 한마디, 레슨 한 시간을 듣기 위하여 귀를 쫑긋 세우며, 가르치는 대로 따라하려고 열심히 땀을 흘린다. 그 프로가 하라는 대로 하면 우리도 성공할 수 있으니까.

홍명보축교실이 인기를 끌고, 프로가 운영하는 골프연습장이 문전성시를 이루는 이유다.

옛날 어느 재벌이 골프를 참으로 좋아했지만 좀처럼 실력이 늘지 않았고, 해서 당시 세계를 제패하던 프로골퍼인 아놀드파마를 초대해 집 한 채 값에 해당하는 돈을 주었고, 그 골퍼는 한경기만 함께 하는 조건으로 레슨을 허락했다.

네 시간여가 넘는 경기시간 동안 그 골퍼는 아무런 이야기도 하지 않앉고, 이제나 저제나 비법을 들을까 하였던 재벌은 헤어지며 단 한마디를 들었다고 한다.

"헤드 업(Head Up!)"

- 공을 칠 때 머리를 들어 올리지 말라는 뜻이다.

골프를 치는 사람이라면 너나할것 없이 반드시 지켜야 할 아주 기초적인 기본기임에도 불구하고, 그 재벌은 이를 몸에 익히지도 못한 상태에서 더 나은 기술을 배우고자 거금을 들였지만, 그 대신 돌아온 것은 기초를 더 익히라는 말 한마디였던 것이다.

이처럼 스포츠에 있어서도 기본기를 익히는 것이 제일 중요하며, 기본기가 몸에 익혀지지 않은 상태에서는 더 이상의 고급기술은 아무런 의미가 없다는 것이다.

타격의 달인 이만수 선수도 하루에 스윙연습을 천번이나 연습했다고 하며, 숏도사 이충희 선수도 하루에 수천개의 숏을 쏘아대는 연습을 했다고 한다. 그들이 방망이 휘두르는 법을 모르고 공 던지는 방법을 몰라서가 아니었다.

그만큼 기초가 제일 중요하며 아무리 강조해도 지나침이 없다는 소리다.

그 정도 수준의 프로는 아니라고 해도, 사법시험을 합격하였으면, 나도 시험에 관한 한은 프로라고 해도 되지 않을까.

　- 아들아. 제발 프로의 말을 좀 들어라.

교과서 수준의 기초가 제일 중요하며, 기초만 계속 반복해도 최고 수준에 이를 수 있단다.

3. 요즘의 출제경향

예전에는 기억력과 암기력이 좋은 아이들이 시험도 잘치고 성적도 좋았다.

암기과목이라고 불리던 과목이 요즘은 절대로 암기과목이 아니다.

전부 판단력을 요하는 문제를 출제한다.

그리고 판단력을 요하는 문제이다 보니 얼마든지 새로운 유형의 문제를 만들어 낼 수 있으며, 그에 따라 학습량도 많아지는 것처럼 보인다.

그러나 역설적으로 보면 판단력을 요하는 문제가 많이 출제되면 될 수록 학습하기가 더 쉬워지고 득점하기가 쉬워질 수도 있다.

암기한 것은 한 두 달만 지나면 시간의 저편으로 사라지기 쉽지만, 판단력은 그리 쉽게 흐려지는 것이 아니기 때문이다.

오히려 이것이 기회다.

기초를 잘 다져, 이해만 해놓으면 언제든지 득점이 가능하다.

올바로 판단할 능력을 키우기까지는 시간이 더디고 힘이 드나, 일단

바른 판단을 할 능력이 생기고 나면, 복습을 하는데 드는 시간을 훨씬 많이 줄일 수 있기 때문이다.

물론 사람마다 취향이 다르고 능력도 다르지만, 선택과목을 택할 때에도 기초암기량이 많은 과목보다는 판단력을 요하는 과목을 선택하는 것이 좋다.

4. 시험장가기 – 평소 그대로

드디어 시험장에 가는 날이 다가온다.

시험일이 다가오면 수험생이나 학부모나 모두 긴장하게 된다.

수험생들은 뭔가 더 내가 알지 못하는 부분은 없는지 전전긍긍해 하며 새로운 책을 살펴보기도 하고, 더 어려운 문제를 풀어보기도 한다.

– 모두 쓸데없는 짓이다.

학부모들은 학부모들대로 뭐 더해줄 것은 없는지 이리저리 살핀다. 요즈음은 시험을 앞두고 아이들이 잘 때에 포도당 주사를 놓아준다며, 그래야 피로가 풀린다며, 의료법도 어겨가면서 이리저리 주사약을 사러다니며, 또 평소에는 먹지 않던 고단백 영양식을 먹인다고 난리법석이다.

– 모두 쓸데없는 짓이다.

시험 전날이 제일 중요하다. 평소에 치루던 학교시험을 생각해보

라. 시험 전전날 또는 바로 전날에 본 것들이 가장 기억에 생생하지 않은가. 그 오랜 기간 수험공부를 하는 것은 바로 시험 전전날 혹은 전날에 전과목을 한번 훑어 볼 수 있는 나만의 학습서 혹은 정리된 노트를 만들기 위해서이다.

그런 준비된 학습서나 정리된 노트가 있다면 이미 절반의 성공을 거둔 것이다.

그 이상의 것은 가지고 가려고 하지 마라. 오히려 기억이 가물거리기만 할 뿐이고, 시험을 며칠 앞둔 시점에서는 더 많이 보려는 욕심 때문에 오히려 잘못된 지식이 머리에 자리잡을 수 있으며 오히려 그것이 독이 될 수도 있다.

음식도 평소 먹던 대로 먹는 것이 좋다. 평소 먹지 않았던 고단백 음식이 배탈을 불러오기도 하고, 갑자기 맞은 포도당 주사가 부작용을 일으켜 병원에 실려오는 학생도 많다고 들었다.

옷도 평소 입던 대로 입고 가는 것이 좋다.

시험은 어웨이 경기를 치르는 것과 같다.

시험치는 공간도 낯설고 출제문제도 대부분 처음 보는 문제가 대부분 일 것이다.

그럴수록 그 이외의 다른 환경은 평소 그대로 유지하는 것이 평상심을 유지하는데 도움이 되는 것이다.

잠도 일주일 혹은 열흘전부터는 되도록 일찍 자고 일찍 일어나는 습관을 들이는게 좋다.

적어도 잠에서 깬 2시간이후부터는 두뇌가 100% 활동할 수 있도록 습관을 들여놓아야 한다.

몇 년을 공들여 하루 만에 판가름이 나는 시험이 아닌가.

최상의 컨디션을 유지해서 시험장에 가는 것. 이것은 수험과목 중 가장 중요한 과목의 하나인 것이다.

– 아들아, 컨디션 조절이 가장 배점이 큰 과목이란다.

5. 전투에 지더라도 전쟁에 져서는 안된다
– 버릴 문제는 과감히 버려라

난 지금도 삼국지를 즐겨 읽는다.

초등학교 3학년 막내가 즐겨 읽는 60권짜리 '만화 삼국지'이다.

장비를 통해 용맹을, 관우를 통해 충절을, 유비를 통해 덕을 배우며, 제갈공명을 통하여 지혜를 배운다.

그런데, 삼국지가 가르쳐주는 많은 지혜중에서 중요한 것 중의 하나가 전투에서는 지더라도 절대로 전쟁에서 져서는 안된다는 것이다. 바꾸어 말하면 전쟁에 이기기 위해서는 때로는 전투를 버릴 줄도 알아야 한다는 것이다. 세력이 제일 약하였던 유비를 촉나라의 황제로 만든 제갈공명의 지혜다.

전쟁이라는 큰 틀을 보지 못하고 단지 전투에만 혈안이 되어 전쟁도 패하고 목숨을 잃은 수많은 장수들이 있지 않은가.

조선을 건국한 이성계에게는 뛰어난 책사인 무학대사가 있었다. 이성계는 도읍을 정하는 문제에서부터 나라의 기초를 다지는데 이르기까지 무학대사로부터 많은 가르침을 받았다.

두 사람은 바둑을 즐겨 두곤 하였는데, 사소한 전투에서는 무학대사가 곳잘 묘수를 두어 이기곤 했단다. 그러나 어찌된 영문인지 바둑이 끝나고 계가를 하여보면 늘 승리는 이성계의 몫이었다고 한다.

전투를 바라보기보다는 전쟁이라는 큰 틀을 바라본 이성계의 안목이며, 그러한 지혜가 결국 500년 조선의 기틀이 된다.

시험도 마찬가지이다.

기발한 문제, 처음 보는 문제, 남들이 풀지 못하는 문제에 한 눈이 팔려 이책, 저책을 기웃거리고 이 학원 저 학원을 기웃거렸다가는 시험이라는 전쟁에서 낭패를 보고 만다.

만일 학교시험이나 수능모의고사 중 출제된 기발한 문제가 바로 학원에서 배운 것이었거나 아니면 어떤 특정한 책에만 실린 것이었다면, 당장 그 학원을 때려치우고 그 책을 쓰레기통에 던져버려라.

너무 과격한 말인 것 같지만, 결코 그 학원은 전쟁에서 이기는 방법을 가르치지는 못하며, 그 책은 전쟁을 패하게 만드는 것이기 때문이다.

한 문제 한 문제가 전투라고 한다면, 그 과목의 점수는 바로 전쟁인 것이다.

한 문제를 더 맞추는 전투에 치중하기보다는 전체적인 점수를 올려 전쟁에서 이겨야만 한다.

6. 꿈꾸는 자 만의 것이다

벌써 10여 년이 다되어 가는 이야기이지만, 2002년 월드컵. 그 해 여름은 정말로 행복했다.

황선홍과 유상철의 그림 같은 멋진 슛.

안정환의 숨막히는 백 헤딩

환상적인 드리블에 이은 박지성의 번개 터닝슛

거스 히딩크의 어퍼컷 세리머니.

붉은 악마의 함성.

국민 모두가 기쁨에 겨워 미쳐 있었다.

월드컵 4강 신화.

꿈이 이루어진 것이다.

80이 넘으신 우리 아버지는, 해방이 되던 날에도 이렇게까지 많은 사람이 거리로 뛰쳐나오지는 않았다고 하신다.

'꿈★은 이루어진다'는 표어가 대 독일전 준결승에 등장한 카드섹션

이었고, 운 좋게 나와 아이들도 그중 한 장의 플래카드를 받치고 있었는데, 내가 아이들에게 해 준 선물 중 가장 소중한 하나였던것 같다.

- 꿈★은 이루어진다 -

둥근 우주헬멧을 쓰고 달나라를 걷는 인간의 꿈은 백여 년 전 만화에서나 볼 수 있었던 그야말로 꿈같은 이야기였지만 인간은 그로부터 50여년도 채 되지 않아 달에 족적을 남겼다. 그리고 이젠 화성까지도 넘보고 있다.

서로 화면에 비친 얼굴을 보며 통화하는 모습은 20년 전 007영화에서나 볼 수 있었던 꿈같은 이야기지만, 이미 내 손에 그런 전화기가 들려있다.

나에겐 아직도 꿈이 있다.

아들아 너도 꿈을 가꾸며 살아가렴.

소망하는 대학

소망하는 직업

소망하는 배우자

소망하는 미래

인간이 꿈꾸던 것은 모두 이루어졌으며, 꿈꾸는 자 만이 꿈을 이룰 수 있다.

- 아들아.

네가 꿈을 가꾸며 노력하는 한, 그 꿈은 언제나 현실로 네 곁에 찾아온단다.